Laboratory Manual to accompany

Prego!

AN INVITATION TO ITALIAN

Laboratory Manual to accompany
Prego!
AN INVITATION TO ITALIAN

SEVENTH EDITION

Andrea Dini
Montclair State University

Graziana Lazzarino
University of Colorado, Boulder

Boston   Burr Ridge, IL   Dubuque, IA   Madison, WI   New York   San Francisco   St. Louis
Bangkok   Bogotá   Caracas   Kuala Lumpur   Lisbon   London   Madrid   Mexico City
Milan   Montreal   New Delhi   Santiago   Seoul   Singapore   Sydney   Taipei   Toronto

Laboratory Manual to accompany
Prego! *An Invitation to Italian*

Published by McGraw-Hill, an imprint of The McGraw-Hill Companies, Inc., 1221 Avenue of the Americas, New York, NY 10020. Copyright © 2008 The McGraw-Hill Companies, Inc. All rights reserved. No part of this publication may be reproduced or distributed in any form or by any means, or stored in a data base or retrieval system, without the prior written permission of The McGraw-Hill Companies, Inc., including, but not limited to, in any network or other electronic storage or transmission, or broadcast for distance learning.

2 3 4 5 6 7 8 9 0 QPD QPD 0 9 8

ISBN: 978-0-07-326669-5
MHID: 0-07-326669-8

Editor-in-Chief: *Emily Barrosse*
Publisher: *William R. Glass*
Sponsoring Editor: *Christa Harris*
Director of Development: *Susan Blatty*
Development Editor: *Lindsay Eufusia*
Executive Marketing Manager: *Nick Agnew*
Production Editor: *Mel Valentín*
Production Supervisor: *Louis Swaim*
Compositor: *Aptara*
Typeface: *Palatino*
Printer: *Quebecor Printing Dubuque, Inc.*

Grateful acknowledgment is made for use of the following material:
All cartoons by permission of E'unidea s.r.l., Milan.

http://www.mhhe.com

Contents

Preface

This *Laboratory Manual* accompanies *Prego! An Invitation to Italian,* Seventh Edition.

The *Laboratory Manual* is coordinated with the *Audio Program* for the preliminary chapter and the eighteen regular chapters. Part A contains the preliminary chapter, the first nine regular chapters, and a separate disc with the **In ascolto** activities. Part B completes the program with Chapters 10–18. Part B also includes an **In ascolto** disc. Each chapter has forty to fifty minutes of recorded material. The speech on the audio program represents that of many regions of Italy; the language is authentic Italian.

We suggest that students listen to the recorded material on a given vocabulary or grammar section only after that material has been covered in class. We also recommend that students spend no more than thirty minutes at a time in the laboratory. A total of sixty minutes per week should allow students time to listen to the entire chapter at least once and to repeat any material on which they feel they need additional practice.

The *Laboratory Manual* is a guide to the audio. Directions for all recorded activities are in the manual, with a model provided for most. In some cases, cues and drawings to be used with activities appear in the manual; at other times, cues are heard on the recording only.

The **Capitolo preliminare** follows the corresponding chapter in the student text point-by-point. It introduces students to the basic sounds of Italian and to a variety of useful, everyday expressions, concluding with an open-ended activity.

CHANGES IN THIS SEVENTH EDITION

- The changes to the *Laboratory Manual* reflect those made to the chapter vocabulary lists and the scope and sequence of the student text. Note that the structure point **Presente + da +** time expressions was moved from **Capitolo 7** to **Capitolo 3**.
- In addition to the revisions necessitated by the vocabulary and grammar changes, numerous activities were completely rewritten in a more communicative style which has resulted in fewer mechanical exercises. More emphasis has also been placed on key grammar points such as the **passato prossimo** and **imperfetto** with activities that move smoothly from recognition to production.
- The organization of the seventh edition *Laboratory Manual* has also been modified slightly so that students can progress more naturally from listening to shorter passages to more extended discourse. (See the more detailed notes on the chapter organization below). The **Sara in Italia** dialogues have been reordered and revised to match the reorganization of the regional readings in the textbook.

CHAPTER ORGANIZATION

Chapters 1–18 of the *Laboratory Manual* are organized as follows:

Vocabolario preliminare and **Grammatica.** These sections follow the sequence of material in the student text point-by-point. They include minidialogues and listening comprehension activities, in addition to grammar and vocabulary exercises. The **In ascolto** activities have also been integrated into each chapter at the end of the **Vocabolario** section.

Pronuncia. Capitolo 1 through **Capitolo 13** include focused practice of Italian sounds and intonation patterns.

Ed ora ascoltiamo! These short comprehension passages with simple follow-up activities help students focus on key information as they listen.

Dettato. A short dictation improves recognition of phonetic sounds and how to write them.

Dialogo. These extended passages (which include everyday conversations, a housing interview, and an oral exam given by a professor to a student) and their follow-up activities help improve students' global comprehension skills.

Sara in Italia. This light-hearted feature follows Sara, a young American woman, throughout her travels in Italy. It provides additional listening comprehension practice as well as cultural and geographical information to wrap up each chapter. Related links and keywords for this section can be found in the **Sara in rete**... feature on the *Prego!* website.

Answers to most activities are on the recording. Several activities require written responses. Answers to these and to the dictations can be found at the back of this manual. The *Audioscript* is available to instructors only and can be found in the Instructor's Edition of the *Prego!* Online Learning Center (**www.mhhe.com/prego7**).

The authors would like to thank Emily Barrosse, William Glass, Christa Harris, Susan Blatty, Mel Valentín, and Louis Swaim of McGraw-Hill and Lindsay Eufusia and Gina Pietrantoni for their useful and creative contributions to this *Laboratory Manual.*

CAPITOLO **preliminare**

Buon giorno, Italia!

A. Saluti e espressioni di cortesia

A. Presentazioni (*Introductions*). You will hear two professors introduce themselves to their classes. The first time, listen carefully. Pay attention to rhythm and intonation. The second time, write the missing words. The third time, the introductions will be read with pauses for repetition. Repeat after the speakers and check what you have written. Then check your answers in the Answer Key.

1. Buon giorno. _____Sono_____¹ Marco Villoresi. _____Sono_____² professore di italiano. Sono _____di_____³ Firenze.

2. Buon _____giorno_____⁴. _____Sono_____⁵ Alessandra Stefanin. Sono _____professoressa_____⁶ di italiano. Sono di Venezia.

B. E io, chi sono? Now, following the examples, introduce yourself. Use the greetings you find most appropriate. First listen. Then introduce yourself.

ESEMPI: STUDENTE 1: Buon giorno. Sono Brian Johnson. Sono studente di italiano. Sono di Knoxville.

STUDENTE 2: Salve. Sono Aliza Wong. Sono studentessa di italiano. Sono di Portland. E tu, chi sei?

Now introduce yourself, following one of the preceding models.

C. Formale o informale? You will hear three different dialogues in which people introduce themselves to each other. The first time, listen carefully. Pay attention to rhythm and intonation. The second time, write the missing words. The third time, the dialogues will be read with pauses for repetition. After repeating the dialogues, decide whether the situation presented is formal or informal, **formale o informale.** You will hear the answers at the end of the exercise. Check your written answers in the Answer Key.

DIALOGUE 1:

Professor Villoresi and Professoressa Stefanin meet for the first time at a professional meeting.

PROFESSORESSA STEFANIN: Buon giorno. Sono Alessandra Stefanin.

PROFESSOR VILLORESI: Ah, _____ Piacere [1]! Marco Villoresi. Sono di Firenze. _____ [2] Lei?

PROFESSORESSA STEFANIN: _____ Sono _____ [3] di Venezia. Piacere!

Now indicate whether the dialogue is formal or informal.

(formale)   informale

DIALOGUE 2:

A student sees his professor in a restaurant.

STUDENTE: Buona sera, professor Villoresi. Come va?

PROFESSOR VILLORESI: ___Bene___ [1] grazie. E ___Lei___ [2]?

STUDENTE: Non c'è ___male___ [3]

PROFESSOR VILLORESI: Arrivederci.

STUDENTE: ___Arrivederci___ [4]

Now indicate whether the dialogue is formal or informal.

(formale)   informale

DIALOGUE 3:

Laura meets her friend Roberto.

LAURA: Ciao, Roberto. Come ___va___ [1]?

ROBERTO: Non c'è male. E ___tu___ [2]?

LAURA: Bene, grazie!

ROBERTO: ___Ciao___ [3]!

LAURA: Ciao!

Now indicate whether the dialogue is formal or informal.

formale   (informale)

5

D. Conversazioni brevi (*Short conversations*). You will hear a short phrase or expression. You will hear each one twice. Listen carefully, then indicate the most appropriate response to what you have heard. Scan the choices now.

1. __E__   a. Così così.
2. __C__   b. Buona sera, signora Gilli.
3. __A__   c. Prego!
4. __D__   d. Buona notte, mamma.
5. __B__   e. Mi chiamo Roberto, piacere!

In ascolto

Conversazioni. Take a moment to read over the options listed below. Then, listen to the four brief conversations and select the relationship between the speakers you consider most plausible. Check your answers in the Answer Key.

1. _____ professoressa e studente
    __X__ due (*two*) studenti
    _____ madre e figlio (*mother and son*)

2. __X__ colleghi di lavoro (*co-workers*)
    _____ madre e figlio
    _____ due studenti

3. _____ professoressa e studente
    _____ colleghi di lavoro
    __X__ madre e figlio

4. __X__ professoressa e studente
    _____ due studenti
    _____ madre e figlio

B. In classe

A. Alla classe. The instructor has asked the class to perform some actions. Match what you hear with the actions performed by the students in the drawings. Write the appropriate command from the list next to the corresponding drawing (on the next page). Then check your answers in the Answer Key. Scan the list of directions now.

Chiudete il libro!   Ripetete **buona notte,** per favore!

Scrivete!   Aprite il libro!

1. _____scrivete_____   2. _____aprite il libro_____

3. _Ripetete, buona notte, per favore_   4. _Chiudete il libro_

B. Come si dice? You will hear a series of brief classroom exchanges. You will hear each one twice. The first time, listen carefully. The second time, complete the dialogues with the expressions you hear. Check your answers in the Answer Key.

1. PROFESSORESSA: Paolo, _____Come_____¹ si _____dice_____² *alphabet* in italiano?

    STUDENTE: Alfabeto.

    PROFESSORESSA: Giusto! _____Benissimo_____³!

2. STUDENTESSA: _____Scuzie_____,⁴ professore, come si _____scrive_____⁵ **classe?**

    PROFESSORE: C L A S S E.

    STUDENTESSA: Grazie, professore.

    PROFESSORE: _____Prego_____,⁶ signorina.

3. PROFESSORESSA: _____Aprite_____⁷ il libro e fate (*do*) l'esercizio.

    STUDENTE: _____Come_____⁸? Non _____capisco_____.⁹ Ripeta, per _____favore_____.¹⁰

C. A lezione (*In class*). What would you say in Italian in the following situations? Repeat the response.

ESEMPIO: *You read:* You want your instructor to repeat something.
You say: Ripeta, per favore!
You hear: Ripeta, per favore!
You repeat: Ripeta, per favore!

1. You want to know how to pronounce a word.
2. You do not understand what your instructor has said.

3. You want to know how to say *excuse me* in Italian.
4. You want to ask what something means.
5. You did not hear clearly what your instructor said.
6. You do not know how to spell a word.

D. Ecco una classe. As you hear the word in Italian for each numbered object, find it listed in the box. Then write the word in the space provided under the corresponding drawing. Check your answers in the Answer Key.

1. _una Sedia_

2. _Un libro_

3. _Una penna_

4. _una matita_

5. _un quaderno_

un quaderno   una penna

un libro

una matita   una sedia

C. Alfabeto e suoni

A. «Nella vecchia fattoria...» You will hear a reading of «Nella vecchia fattoria». You will hear it twice. The first time, listen carefully. The second time, it will be read with pauses for repetition.

Nella vecchia fattoria, ia-ia-o!

Quante bestie ha zio Tobia, ia-ia-o!

C'è il cane (bau!) cane (bau!) ca-ca-cane,

e il gatto (miao!) gatto (miao!) ga-ga-gatto,

e la mucca (muu!) mucca (muu!) mu-mu-mucca...

nella vecchia fattoria ia-ia-o!

B. L'alfabeto italiano. You will hear the names of the letters of the Italian alphabet, along with male and female Italian names. Listen and repeat, imitating the speaker. Starting in Chapter 1, you will practice the pronunciation of most of these letters individually.

a	a	Andrea	Antonella
b	bi	Bernardo	Beatrice
c	ci	Carlo	Cecilia
d	di	Daniele	Donatella
e	e	Emanuele	Enrica
f	effe	Fabrizio	Federica
g	gi	Giacomo	Gabriella
h	acca*		
i	i	Italo	Irene
l	elle	Luca	Lorella
m	emme	Marco	Marcella
n	enne	Nicola	Nora
o	o	Osvaldo	Ombretta
p	pi	Paolo	Patrizia
q	cu	Quirino	Quirina
r	erre	Roberto	Roberta
s	esse	Sergio	Simona
t	ti	Tommaso	Teresa
u	u	Umberto	Ursola
v	vu	Vittorio	Vanessa
z	zeta	Zeno	Zita

Now listen to the pronunciation of the following five letters, which are used in Italian with words of foreign origin. Repeat each one after the speaker.

j	i lunga
k	cappa
w	doppia vu
x	ics
y	ipsilon

C. Lettere. Repeat the following abbreviations or formulas after the speaker.

1. K.O.
2. PR
3. LP
4. H_2O
5. CD
6. PC
7. S.O.S
8. P.S.
9. DVD
10. Raggi X (*X-rays*)

---

*There are no Italian proper names beginning with **h**.

D. Come si pronuncia? You will hear the spelling of eight words you may not know. Write them down and then try to pronounce them. Repeat the response. Then check your answers and their translations in the Answer Key.

ESEMPIO: *You hear:*   a-doppia erre-e-di-a-emme-e-enne-ti-o
            You write: _arredamento_
            You say: arredamento
            You hear: arredamento
            You repeat: arredamento

1. finestra
2. scrivania
3. compagno
4. aiuole
5. lavagna
6. dizionario
7. patata
8. parola

E. Vocali. Listen to and repeat the sounds of the seven Italian vowels and some words in which they are used. Note that vowels **e** and **o** have both closed and open forms.

Vocabolario preliminare: chiusa (*closed*), aperta (*open*)

a	patata, casa, sala, banana
e chiusa	sete, e, sera, verde
e aperta	letto, è, bello, testa
i	pizza, vino, birra, timo
o chiusa	nome, dove, ora, volo
o aperta	posta, corda, porta, bosco
u	rude, luna, uno, cubo

F. Ancora vocali. Repeat each word after the speaker.

1. pazzo / pezzo / pizzo / pozzo / puzzo
2. casa / case / casi / caso
3. lana / lena / Lina / luna
4. auto / aiuto / iuta / uva / uova / Europa / aiuola

G. Consonanti *c* e *g*. C and **g** each have two sounds in Italian. Their sound is hard (as in English *cat* and *get*) when followed directly by **a, o, u,** or **h.** Their sound is soft (as in English *chain* and *giraffe*) when followed directly by **e** or **i.** Repeat each word after the speaker.

1. cane / casa / gatto / gamba
2. cibo / cera / gesso / gita
3. cena / che / getta / ghetto
4. Cina / chilo / giro / ghiro
5. gotta / Giotto / cotta / cioccolato
6. custode / ciuffo / gusto / giusto

H. Consonanti doppie. In this exercise you will practice the difference between single and double consonant sounds. Repeat each word after the speaker. Note that vowels before a double consonant are shorter in length than vowels before a single consonant. Notice the differences in pronunciation in the following two pairs of words.

carro (short **a** sound) ≠ **caro** (long **a** sound)

cassa (short **a** sound) ≠ **casa** (long **a** sound)

1. pala / palla
2. moto / motto
3. fato / fatto
4. nono / nonno
5. dita / ditta
6. sete / sette
7. papa / pappa
8. sono / sonno

I. Accento tonico. Can you hear where the stress falls in an Italian word? Underline the stressed vowel in each of the following words. You will hear each word twice. Then check your answers in the Answer Key.

1. grammatica
2. importanza
3. partire
4. partirò
5. musica

6. trentatré
7. subito
8. umiltà
9. abitano
10. cantavano

J. Accento scritto. Can you tell where a written accent is used in Italian? Remember, if written accents appear in Italian, they do so only on the final syllable of a word when that syllable is stressed. Add a grave accent (`) only when necessary to the following words. You will hear each word twice. Then check your answers in the Answer Key.

1. prendere
2. prenderò
3. caffè
4. università

5. cinquanta
6. civiltà
7. virtù
8. tornare

D. Numeri da uno a cento

A. Numeri. Repeat the numbers after the speaker.

0	zero	11	undici	30	trenta
1	uno	12	dodici	40	quaranta
2	due	13	tredici	50	cinquanta
3	tre	14	quattordici	60	sessanta
4	quattro	15	quindici	70	settanta
5	cinque	16	sedici	80	ottanta
6	sei	17	diciassette	90	novanta
7	sette	18	diciotto	100	cento
8	otto	19	diciannove		
9	nove	20	venti		
10	dieci	21	ventuno		

B. Prefissi e numeri di telefono (*Area codes and telephone numbers*). Repeat the following area codes and phone numbers after the speaker.

ESEMPIO: *You read and hear:* (0574) 46-07-87
          You say: prefisso: zero-cinque-sette-quattro;
                    numero di telefono: quarantasei-zero sette-ottantasette

1. (0574) 46-86-30
2. (055) 66-43-27
3. (06) 36-25-81-48
4. (02) 61-11-50
5. (075) 23-97-08
6. (0573) 62-91-78

In ascolto

Numeri di telefono. Take a moment to look over the telephone numbers listed below. Then, listen carefully and indicate the number you hear for each person or business. Check your answers in the Answer Key.

1. Elisabetta. Numero di telefono: ___*b*___.
    a. 77-31-32
    b. 67-21-32
    c. 66-48-35
2. Pasticceria Vanini. Numero di telefono: ___*c*___.
    a. 94-19-35
    b. 35-78-22
    c. 44-78-16
3. Signora Cecchettini. Numero di telefono: ___*b*___.
    a. 21-51-83
    b. 91-15-53
    c. 98-12-35
4. Ristorante Bianchi. Numero di telefono: ___*a*___.
    a. 12-18-26
    b. 12-38-37
    c. 13-18-21

E. Calendario   *24*

A. Giorni della settimana (*Days of the week*). Write down the days of the week as you hear them. Then say them in the correct order. Check your answers in the Answer Key.

1. _martedì_   2
2. _giovedì_   4
3. _sabato_   6
4. _domenica_   7
5. _venerdì_   5
6. _lunedì_   1
7. _mercoledì_   3

B. In che mese? You will hear a series of questions about national holidays. Each question will be said twice. Listen carefully, then say the name of the month in which each holiday falls. Repeat the response.

> ESEMPIO: *You hear:* In che mese è il giorno di Cristoforo Colombo?
> *You say:* In ottobre.
> *You hear:* In ottobre.
> *You repeat:* In ottobre.

1. ...   2. ...   3. ...   4. ...

C. I mesi. Repeat the names of the months in Italian, after the speaker.

gennaio	maggio	settembre
febbraio	giugno	ottobre
marzo	luglio	novembre
aprile	agosto	dicembre

Sara in Italia

Sara, a student at the University of Wisconsin–Madison, is traveling through Italy to perfect her Italian. You will accompany her on her visit throughout the peninsula as she discovers Italian cities and meets and converses with Italians.

Now, listen as she introduces herself. Listen carefully, as many times as you need to. Then answer the questions you hear. You will hear each question twice. Repeat the response.

Parole utili: mi piace viaggiare (*I like to travel*)

1. ...   2. ...   3. ...   4. ...   5. ...

Sara in rete...

For more information about what Sara experienced during her travels, check out the links found on the *Prego!* website (**www.mhhe.com/prego7**).

CAPITOLO 1

Una città italiana!

Vocabolario preliminare

A. Per cominciare. You will hear a short dialogue followed by a series of statements about the dialogue. Each statement will be read twice. Circle **vero** if the statement is true or **falso** if it is false.

STUDENTE: Scusi, Signora, un'informazione. C'è una farmacia qui vicino?

SIGNORA: Sì, in Via Marco Polo. Sempre dritto e poi a sinistra. Vicino ci sono due negozi e un cinema.

STUDENTE: Grazie e buon giorno!

SIGNORA: Prego e arrivederci!

1. vero   falso

2. vero   falso

3. vero   falso

B. In una stazione italiana. You will hear a dialogue followed by five questions. You will hear the dialogue twice. The first time, listen carefully, paying attention to rhythm and intonation. The second time, Patrick's lines will be followed by pauses for repetition. Then answer the questions. Repeat the response.

PATRICK: Buon giorno. Due biglietti per Firenze, per favore.

IMPIEGATO: Scusi, un momento. Che destinazione?

PATRICK: Firenze.

IMPIEGATO: Bene, ecco i due biglietti per Firenze e il supplemento per l'Eurostar. Va bene?

PATRICK: Va bene. Scusi, un'informazione. C'è un ufficio postale qui in stazione?

IMPIEGATO: No, non in stazione, ma qui vicino, in Via Gramsci.

PATRICK: Grazie e arrivederci.

IMPIEGATO: Prego! Buona giornata!

1. ...   2. ...   3. ...   4. ...   5. ...

C. Mezzi di trasporto. You will hear five vehicle sounds. Listen carefully to the audio, then tell which vehicle you associate with the sound you hear. Use **È** (*It's . . .*) in your answer. Repeat the response.

ESEMPIO: *You hear:* (train sounds)
You read: un treno / un aeroplano
You say: È un treno.

1. un'auto / una moto
2. un autobus / una macchina
3. un aeroplano / un treno

4. una moto / una bicicletta
5. un treno / un autobus

D. Luoghi. You will hear six sounds of places around town. Listen carefully, then select the place you associate with the sound you hear. Use **È** (*It's . . .*) in your answer. Repeat the response.

ESEMPIO: *You hear:* (bells ringing)
You say: È una chiesa.

1. … 2. … 3. … 4. … 5. … 6. …

Handwritten:
1. uno stadio 4. un ospedale
2. un bar 5. una stazione
3. uno zoo 6. una scuola

E. In città. You will hear a series of statements about where things are located in the city center. You will hear each statement twice. Listen carefully, then circle **vero** if the statement is true or **falso** if it is false. First, stop the audio and look over the map.

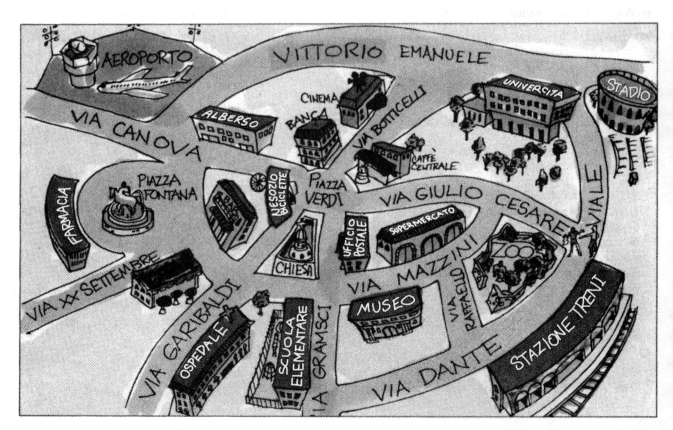

ESEMPIO: *You hear:* C'è una farmacia in Piazza Verdi.
You circle: vero / falso

1. vero   falso
2. vero   falso
3. vero   falso

4. vero   falso
5. vero   falso
6. vero   falso

In ascolto

In centro (*Downtown*). Listen carefully and refer to the map of the city on page 12. Decide whether the statements you hear are true (**vero**) or false (**falso**). Check your answers in the Answer Key.

1. (vero)   falso
2. vero   (falso)
3. (vero)   falso

You will hear three questions about the locations of three buildings in the city. Listen carefully, refer to the map, and write down the answers. Check your answers in the Answer Key.

4. C'è una Stazione in Via Dante.
5. C'è una Scuola in Via Gramsci.
6. C'è una farmacia in Piazza Fontana

Grammatica

A. Nomi: genere e numero

A. Per cominciare. You will hear a dialogue twice. The first time, listen carefully. The second time, the dialogue will be read with pauses for repetition. Pay careful attention to rhythm and intonation.

CAMERIERE: Buon giorno, signorine! Prego...
SIGNORINA 1:   Sì, un gelato, una pasta, e un'aranciata per favore.
SIGNORINA 2:   Anche un panino e due caffè!
CAMERIERE: Sono dieci euro.
SIGNORINA 1:   Ecco dieci dollari, va bene?

B. In una stazione. Alessandra, Marco, and their son Leonardo are waiting for their train. It's past noon and they are getting hungry. You will hear their dialogue twice. Complete the chart by marking an **X** in the box corresponding to the food or drink bought for each person. Check your answers in the Answer Key. Scan the chart now.

	panino	banana	gelato	vino	aranciata	caffè
Alessandra	X					X
Marco	X				X	
Leonardo		X				

C. Maschile o femminile? You will hear eight words twice. Indicate their gender by circling **maschile** or **femminile** (*masculine or feminine*), as appropriate.

> ESEMPIO: *You hear:* ristorante
> *You circle:* (maschile) femminile

1. maschile   ~~femminile~~
2. ~~maschile~~   femminile
3. maschile   ~~femminile~~
4. maschile   ~~femminile~~
5. ~~maschile~~   femminile
6. maschile   ~~femminile~~
7. ~~maschile~~   femminile
8. ~~maschile~~   femminile

D. Singolare e plurale. Give the plural forms of the following words. Repeat the response.

> ESEMPIO: *You hear:* macchina
> *You say:* macchine

1. ...   2. ...   3. ...   4. ...   5. ...   6. ...

(handwritten:)
1 biciclette   4 autobus
2 dollari   5 amiche
3 caffè   6 amici

B. Articolo indeterminativo e *buono*

A. Per cominciare. You will hear a dialogue twice. The first time, listen carefully. The second time, the dialogue will be read with pauses for repetition.

CLIENTE: Buon giorno! Un biglietto per Venezia, per favore.
IMPIEGATO: Ecco! Sono cinquantasette euro.
CLIENTE: Ah, scusi, un'informazione. C'è un ufficio cambio qui in stazione?
IMPIEGATO: No, ma c'è una banca qui vicino, in Piazza Garibaldi.
CLIENTE: Grazie e arrivederci!
IMPIEGATO: Prego! Buona giornata!

B. Le valige. Fabio is packing his bags for a trip to the United States. He is listing all the things he will need. Listen carefully to his list and check the items that he needs to take with him. You will hear the list twice. Check your answers in the Answer Key.

√ un biglietto aereo	un diario
√ una valigia grande	√ una mappa della città
√ una carta di credito	√ un passaporto
una carta d'identità	√ uno zaino

C. Un buon caffè in aeroporto... Fabio savors his last Italian coffee at the airport bar and comments on how good all the food is. First, stop the audio and complete the following passage with the correct form of **buono.** Then start the audio and listen to Fabio's praise. Check your answers in the Answer Key. Now stop the audio and complete the passage.

FABIO: Che _____*buon*_____ [1] bar è questo! Ha un _____*buon*_____ [2] espresso,

un _____*buon*_____ [3] cappuccino e _____*buoni*_____ [4] panini, una

_____*buona*_____ [5] aranciata, una _____*buona*_____ [6] bibita, un

_____*buon*_____ [7] vino e _____*buoni*_____ [8] liquori.

D. Auguri (*Best wishes*). At Fabio's departure his family exclaimed, **Buon viaggio!** Now send your wishes using the following list of words, with the appropriate forms of **buono.** Say each expression in the pause after the item number. Repeat the response.

> ESEMPIO: *You read:* viaggio
> *You say:* Buon viaggio!

1. Natale (*m., Christmas*)   *Buon*
2. Pasqua (*Easter*)   *Buone*
3. anno (*New Year*)   *Buon*
4. appetito   *Buon*
5. domenica   *Buona*
6. fortuna (*luck*)   *Buone*
7. week-end (*m., weekend*)   *Buon*
8. vacanze (*vacation*)   *Buona*

C. Presente di *avere* e pronomi soggetto

A. Per cominciare. You will hear a dialogue twice. The first time, listen carefully. The second time, it will be read with pauses for repetition. Pay careful attention to rhythm and intonation.

> MASSIMO: E Lei, signora, ha parenti in America?
> SIGNORA PARODI: No, Massimo, non ho parenti, solo amici. E tu, hai qualcuno?
> MASSIMO: Sì, ho uno zio in California e una zia in Florida.

B. Parenti in America. The following dialogue will be read twice. The first time, listen carefully. The second time, write the missing words. Check your answers in the Answer Key.

> MASSIMO: Ecco qui, signora Parodi, in questa foto
>
> _____*io*_____ [1] sono con uno zio a Disneyland e qui sono a Miami, con
>
> un cugino. _____*loro*_____ [2] sono (*They are*) di Los Angeles.
>
> SIGNORA PARODI: _____*Hai*_____ [3] parenti in America?

MASSIMO: Sì, ___*ho*___ [4] uno zio in California e una zia in Virginia. E ___*Lei*___ [5] e il signor Parodi, ___*hanno*___ [6] parenti in America?

SIGNORA PARODI: No, Massimo, non ___*abbiamo*___ [7] parenti, solo amici.

C. Cosa abbiamo? Tell what the following people have, using the oral and written cues. Repeat the response.

> ESEMPIO: *You read and hear:* tu
> *You hear:* una macchina
> *You say:* Tu hai una macchina.

1. Roberto ed io *abbiamo cinquanta dollari.*
2. Giancarlo e Patrizia *hanno un cane.*
3. tu e Elisa *avete un dizionario d'italiano*
4. una studentessa *ha uno zaino*
5. uno studente *ha un quaderno*

D. Una domanda? You will hear some phrases that can be either statements or questions. Each phrase will be read twice. Listen carefully to the intonation used and circle *statement* or *question*, as appropriate.

> ESEMPIO: *You hear:* Hai fame.
> *You circle:* (statement) question

1. (statement) question
2. (statement) question
3. statement (question)
4. (statement) question
5. (statement) (question)
6. statement (question)

E. Fare domande. Ask questions based on the following drawings. Use the oral and written cues. Repeat the response.

> ESEMPIO: 
>
> *You hear and see:* una Ferrari
> *You read:* tu
> *You say:* Hai una Ferrari?

1.  Marco *ha due valigie*

2.  Mario e Danila *hanno bambini*

3.  tu e Valerio *avete una moto*

4.  io e Leslie *abbiamo una bicicletta*

5.  io *ho un poster*

F. Persone, persone... You will hear a series of statements. Circle the pronoun that refers to the subject of each sentence. As you know, Italian doesn't need to have an expressed subject in its sentences, since the verb endings tell who is doing what. Concentrate on the verb endings and circle the corresponding subject pronoun.

1. (io)   tu
2. (noi)   voi
3. io   (lei)

4. noi   (loro)
5. lui   (voi)
6. (tu)   lei

D. Espressioni idiomatiche con *avere*

A. Per cominciare. You will hear a dialogue twice. The first time, listen carefully. The second time, write the missing words. Check your answers in the Answer Key.

ANGELO: Oh, che caldo. ___Ho___[1] proprio sete adesso.

Hai ___voglia___[2] di un'aranciata?

SILVIA: No, ma ho ___fame___.[3] Ho voglia ___di___[4] un buon

panino e di un gelato...

ANGELO: Chissà se c'è un ristorante in questa stazione...

SILVIA: Sì, c'è, ma non ___abbiamo___[5] tempo, solo cinque minuti.

ANGELO: ___Hai___[6] ___ragione___,[7] non è una buon'idea. Oh, ma

c'è un bar qui vicino, che fortuna!

B. Come sta Gilda? Look at the illustrations and tell how Gilda is doing today. Respond during the pause after each item number. Repeat the response.

ESEMPIO: *You see:*

You say: Gilda ha freddo.

1.

Gilda ha sonno

2.

Gilda ha fame

3.

Gilda ha sete

C. Fame, freddo, sete, caldo, sonno. State a logical conclusion to each sentence that you hear about the following people. Write your answer in the space provided. Check your answers in the Answer Key.

> ESEMPIO: *You read:* Mario
> *You hear:* Mario ha voglia di un panino.
>
> *You say and write:* _____ *Ha fame* _____.

1. Alessandro: _Ha freddo._
2. Anna: _Ha caldo_
3. Sonia: _Ha sete_
4. Riccardo: _Ha fame_
5. tu: _Hai sonno_

D. E tu? Answer the following questions about yourself. Answer each question in the pause provided.

1. ... 2. ... 3. ... 4. ... 5. ...

 # *Pronuncia: The sounds of the letter "c"*

As you learned in the **Capitolo preliminare, c** represents two sounds: [k] as in the English word *cat*, and [č] as in the English word *cheese*. Remember that **c** *never* represents the [s] sound in Italian.

A. C dura. The [k] sound occurs when **c** is followed directly by **a, o, u, h,** or another consonant. Listen and repeat.

1. caldo
2. come
3. cugina
4. che
5. chi
6. clima
7. crema
8. macchina
9. fresche
10. ics

B. C dolce. The [č] sound occurs when **c** is followed directly by **e** or **i.** Listen and repeat.

1. cena
2. città
3. ciao
4. ciglio
5. ciuffo
6. piacere
7. ricetta
8. aranciata
9. diciotto
10. piaciuto

C. **C e doppia** *c.* Compare and contrast the single and double sound. Note the slight change in vowel sound when the consonant following is doubled. Listen and repeat.

1. aceto / accetto
2. caci / cacci
3. bacato / baccano
4. cucù / cucchiaio

D. **Parliamo italiano!** You will hear each sentence twice. Listen and repeat.

1. Il cinema è vicino al supermercato.
2. Cameriere, una cioccolata ed un caffè, per piacere!
3. Come si pronuncia **bicicletta?**
4. Michelangelo è un nome, non un cognome.

Ed ora ascoltiamo!

You will hear a conversation between Dottor Ricci and Gina. Listen carefully, as many times as you need to. Pay attention to the possible location of the dialogue, and Dottor Ricci's needs and actions.

Now stop the audio and complete the sentences about Dottor Ricci.

1. Il dottor Ricci è in. _____.

   a. un bar   b. una chiesa

2. Il dottor Ricci ha. _____.

   a. sete   b. fame

3. Il dottor Ricci ha. _____ oggi.

   a. un appuntamento   b. una lezione

4. Il dottor Ricci ha bisogno di. _____.

   a. un caffè   b. un libro

Dettato

La punteggiatura (*Punctuation*). The following punctuation marks will be read with pauses for repetition.

punto (.) *period*

virgola (,) *comma*

punto e virgola (;) *semi-colon*

due punti (:) *colon*

punto esclamativo (!) *exclamation mark*

punto interrogativo (?) *question mark*

apostrofo (') *apostrophe*

parentesi aperta (*open parentheses*

parentesi chiusa) *close parentheses*

virgolette aperte « *open quote*

virgolette chiuse » *close quote*

What's in Filippo's suitcase? You will hear a brief dictation three times. The first time, listen carefully. The second time, the dictation will be read with pauses. Write what you hear. The third time, check what you have written. Pay particular attention to punctuation. Write on the lines provided. Check your dictation in the Answer Key.

Ecco che cosa  Filippo in una valigia: Un Computer, 5 libri di testo italiano, una carta di Italia, 4 quaderni, tre penne e due matite.

Dialogo

Prima parte. At the train station in Perugia. Gina and Massimo are waiting for Filippo's arrival.

Listen carefully to the dialogue.

Parole utili: è nato (*was born*)

GINA: Allora, chi è questo Filippo? Quanti anni ha? Di dov'è?

MASSIMO: È professore di italiano a Boston, ma è nato a Roma. Ha trentadue anni ed è un buon amico di famiglia….

GINA: Hai una foto?

MASSIMO: No, ma ecco Filippo. È quello lì. Finalmente!

FILIPPO: Ciao, Massimo, come va?

MASSIMO: Ciao, Filippo, bene, grazie!

GINA: Ciao, Filippo, io sono Gina, benvenuto a Perugia!

FILIPPO: Piacere, Gina e grazie!

MASSIMO: Filippo, hai sete o fame? C'è un bar qui vicino se hai voglia di un panino o di una bibita…

FILIPPO: Sì, ho fame e un panino va bene, ma ho anche bisogno di soldi. C'è una banca qui in stazione?

GINA: Sì, ecco. Andiamo in banca e poi al bar. Ho caldo e ho bisogno di una bibita.

Seconda parte. Listen to the dialogue again. Pay attention to places and numbers pertaining to Filippo. Try to understand what he needs as well.

Terza parte. You will hear six sentences based on the dialogue. You will hear each sentence twice. Circle **vero** if the statement is true and **falso** if false.

1. vero   falso
2. vero   falso
3. vero   falso
4. vero   falso
5. vero   falso
6. vero   falso

Sara in Italia

Sara is on a plane at the airport in Milan. Destination: Florence. An Italian gentleman is about to sit next to her.

Listen carefully, as many times as you need to. Then, answer the questions you hear. You will hear each question twice. Repeat the response.

Parole utili: vado (*I am going*), va (*you go,* formal)

1. ...   2. ...   3. ...   4. ...   5. ...

Sara in rete...

For more information about what Sara experienced during her travels, check out the links found on the *Prego!* website (**www.mhhe.com/prego7**).

CAPITOLO **2**

Chi siamo

Vocabolario preliminare

A. Per cominciare. You will hear a dialogue twice. The first time, listen carefully. The second time it will be read with pauses for repetition.

ANDREA: Ecco una foto di una mia amica, Paola. Lei è di Palermo, in Sicilia.

VALERIA: È davvero bella...

ANDREA: Oh sì, Paola è straordinaria: è simpatica, allegra, sensibile ed è anche molto gentile...

VALERIA: Sono sicura che Paola ha una grande pazienza, perché tu sei sempre stressato e nervoso!

B. I nuovi compagni di classe (*classmates*). You will hear a passage in which Angelo describes his first day of class. The passage will be read three times. The first time, listen carefully. The second time, complete the chart. The third time, check what you have written. Check your answers in the Answer Key.

Numeri di studenti: _____Venti_____

Descrizione di Caterina: ___buona, simpatica_____

Descrizione di Enrico: ___piccolo, magro, sportivo_____

Descrizione di Angelo: ___energico, sportivo._____

C. Nazionalità. You find yourself in a classroom full of international students. Identify the students' nationality and the language they speak. Repeat the response.

ESEMPIO: *You read and hear:* Robert è di Minneapolis.
You say: Robert è americano e parla (*speaks*) inglese.

1. Amy è di Denver. _americana_
2. Marc è di Ottawa. _canadese_
3. Keiko è di Tokio. _giapponese_
4. Angelo è di Torino. _italiano_
5. Kurt è di Berlino. _tedesco_
6. Héctor è di Città del Messico. _messicano_
7. María è di Madrid. _spagnolo_
8. Jean-Paul è di Aix-en-Provence. _francese_

D. Una famiglia europea. You will hear a passage about a family, followed by a series of statements. You will hear both the passage and the statements twice. Listen carefully, then indicate whether the statements you hear are **vero o falso,** true or false.

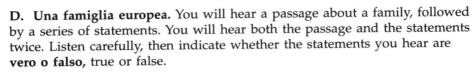

1. vero *(falso)*   4. *(vero)* falso

2. *(vero)* falso   5. *(vero)* falso

3. *(vero)* *(falso)*

In ascolto

Nuovi (*New*) **compagni di classe.** Sara attended her biology class for the first time today. Here are her notes, not about biology but about her male classmates! Listen as she reads her notes to her best friend, and fill in the missing information in the chart about the three guys she met (**i tre ragazzi**). Check your answers in the Answer Key.

	NOME	ANNI	STATURA (*HEIGHT*)	CAPELLI	OCCHI	OPINIONE DI SARA
1.	Massimo	*20*	media	*neri*	*neri*	antipatico
2.	Pietro	23	*alto*	biondi	*azzurri*	*timido*
3.	Alessandro	21	*alto*	*neri*	verdi	_____

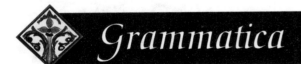

Grammatica

A. Aggettivi

A. Per cominciare. You will hear a dialogue followed by two lists of adjectives describing Marta's new classmates and instructor. Listen carefully and complete the phrases by circling all the adjectives that describe the classmates and the instructor.

GIUSEPPE: Come sono i nuovi compagni di classe?
MARTA: Sono molto allegri e gentili.
GIUSEPPE: E l'insegnante?
MARTA: Oh, lui è molto simpatico ed energico... e l'italiano è una lingua molto interessante!

1. I compagni sono: *allegri*   *gentili*   simpatici   energici   interessanti

2. L'insegnante è: allegro   gentile   *simpatico*   *energico*   interessante

B. Dal maschile al femminile. Change each expression you hear from masculine to feminine. Repeat the response.

ESEMPIO: *You hear:* bambino buono
       You say: bambina buona

1. ...   2. ...   3. ...   4. ...   5. ...   6. ...

C. Opinioni divergenti. You and Claudio don't see eye to eye. For each of his remarks give the opposite reaction. Repeat the response.

> ESEMPIO: *You hear:* Che ragazzo simpatico!
> *You say:* Che ragazzo antipatico!

1. ... 2. ... 3. ... 4. ... 5. ... 6. ...

D. Non uno, due! Point out two of the things Giovanna indicates. Repeat the response.

> ESEMPIO: *You hear:* Ecco una bella casa.
> *You say:* Ecco due belle case.

1. ... 2. ... 3. ... 4. ... 5. ... 6. ...

E. Un americano a Firenze. Gerry has just arrived in Florence. He is calling Francesca, who is hosting him. They have a mutual friend, Salvatore, but have never met. You will hear the phone conversation twice. The first time, listen carefully. The second time, complete the sentences describing Gerry and Francesca.

Parole utili:

Pronto?	*Hello?*
gli occhiali	*glasses*
la barba	*beard*
uno zaino	*backpack*
un vestito	*dress, suit*

1. Gerry è _____.
   a. alto, biondo, con gli occhiali
   (b.) alto, con la barba e gli occhiali
   c. basso, capelli neri, barba

2. Francesca è _____.
   a. di statura media, capelli lunghi
   b. alta, bionda, capelli corti
   (c.) bionda, con il vestito nero

3. Gerry ha anche _____.
   (a.) uno zaino rosso
   b. un vestito nero
   c. gli occhiali neri

F. Identikit. You need to meet Marco, your Italian host, at the train station. Ask him questions about what he looks like, listen to his answers, and then answer the questions he asks you.

Frasi utili: Sono alto / basso. Ho gli occhi azzurri / verdi / neri / castani. Ho i capelli biondi / castani / rossi / neri / grigi / bianchi / lunghi / corti / ricci / lisci.

> ESEMPIO: *You read and ask:* Hai gli occhi castani?
> *You hear:* Sì, ho gli occhi castani, e tu?
> *You say:* No, non ho gli occhi castani. Ho gli occhi blu.

1. Sei alto o basso? *Sono alto.*
2. Di che colore hai gli occhi? *Sono gli occhi verdi.*
3. Di che colore hai i capelli? *Sono i capelli castani.*
4. Come hai i capelli? *È liscio.*

G. Molto o molti? Add the correct form of **molto** to the following sentences. Repeat the response.

> ESEMPIO: *You hear and read:* Maria è timida.
> *You say:* Maria è molto timida.

1. Pietro è curioso. *Pietro è molto curioso.*
2. Roberta è sincera e sensibile. *...molto...*
3. Luca non ha amici. *Luca non ha molti amici*
4. Luigi è triste. *...molto...*
5. Annalisa ha pazienza. *...ha molta...*
6. Gli spaghetti di Enrica sono buoni. *...sono molto...*

H. Perugia, una tipica città italiana... Stop the audio to read the following passage and complete it with the correct form of **molto**. Then, start the audio and listen to the completed passage. The passage will be read twice. The second time it will be read with pauses for repetition. Check your answers in the Answer Key.

Questa è Perugia, una città _____*molto*_____ [1] bella, in Umbria. Ci sono _____*molti*_____ [2] monumenti famosi, _____*molti*_____ [3] musei e _____*molte*_____ [4] chiese. Gli abitanti sono _____*molto*_____ [5] orgogliosi (*proud*) di questa città.

Purtroppo (*Unfortunately*) ci sono anche _____*molti*_____ [6] turisti e _____*molto*_____ [7] traffico. Insomma, non c'è _____*molta*_____ [8] pace (*f., peace*) nel centro storico.

B. Presente di *essere*

A. Amici di chat. You will hear a dialogue twice. The first time, listen carefully. The second time, complete the information. Check your answers in the Answer Key. Scan the list now.

1. Nazionalità di Laura: *italiana*
2. Età e professione di Laura: *studentessa di francese*
3. Descrizione di Laura: *sportiva*
4. Nazionalità di Pierre e Caroline: *francesi*
5. Professione di Pierre: *studenti inglese*
6. Professione di Caroline: _____
7. Descrizione di Pierre e Caroline: *molto sportivi*

B. Una festa a casa di Sabrina. Stop the audio to complete the dialogue with the correct form of **essere**. Then start the audio, listen to the dialogue, and answer the questions. Repeat the response. Check your written answers in the Answer Key.

SABRINA: Sandro, _____*sei*_____ [1] libero stasera? C'_____*è*_____ [2] una festa a casa mia.

SANDRO: Ah sì, e chi c'_____*è*_____ [3]?

SABRINA: Ci _____*sono*_____ [4] i miei compagni di classe: Marta, Alba, Luigi e Marco.

SANDRO: Come _____*sei siete*_____ [5]?

SABRINA: _____*Sono*_____ [6] ragazzi simpatici. _____*Sono*_____ [7] nello stesso corso di letteratura inglese. Marta e Alba _____*sono*_____ [8] due sorelle gemelle di diciannove anni, e hanno già un appartamento tutto per loro in Trastevere. Luigi e Marco _____*sono*_____ [9] molto divertenti e hanno molti amici.

SANDRO: Va bene, vengo. Grazie per l'invito!

1. ...   2. ...   3. ...   4. ...

C. Nazionalità. You have friends from all over the world. Tell about them using the information you hear and the following nationalities. Repeat the response.

> ESEMPIO: *You hear:* Katia e Ivan
> *You read:* russo
> *You say:* Katia e Ivan sono russi.

1. polacco
2. italiano
3. irlandese
4. olandese
5. messicano
6. coreano
7. giapponese
8. tedesco

D. Un viaggio in Italia. You are showing Silvana a picture of the town where you stayed in Italy. Answer her questions, according to the cues. Repeat the response. First, take a moment to look at the drawing.

> ESEMPIO: *You hear:* C'è una banca?
> *You say:* No, ci sono due banche.

1. ...   2. ...   3. ...   4. ...   5. ...   6. ...

C. Articolo determinativo e *bello*

A. Per cominciare. You will hear a dialogue twice. The first time, listen carefully. The second time, it will be read with pauses for repetition. Pay careful attention to rhythm and intonation.

DONATELLA: Ecco la nonna e il nonno, la zia Luisa e lo zio Massimo, papà e la mamma molti anni fa... Buffi, no?

GIOVANNA: E i due in prima fila chi sono?

DONATELLA: Sono gli zii di Chicago.

B. Una lista per un cocktail party... You and your roommate are writing down a list of items to buy for a cocktail party. Confirm your roommate's choices according to the cues. Add the definite article. Repeat the response.

ESEMPIO: *You hear:* rum?
You say: Il rum va bene!

1. aranciata?
2. vino?
3. scotch?
4. grappa?
5. espresso?
6. Coca-Cola?

C. La nuova città. Describe your new city using the following adjectives. Repeat the response.

ESEMPIO: *You read:* grande
You hear: piazze
You say: Le piazze sono grandi.

1. nuovo
2. piccolo
3. vecchio
4. elegante
5. famoso
6. antico
7. grande

D. Che bello! You are impressed with everything in your new Italian town. Use a form of **bello** to describe each item. Repeat the response.

ESEMPIO: *You hear:* museo
You say: Che bel museo!

1. ...   2. ...   3. ...   4. ...   5. ...   6. ...   7. ...   8. ...

Pronuncia: The sounds of the letter "s"

The letter **s** represents two sounds in Italian: [s] as in the English word *aside*, and [z] as in the English word *reside*.

A. *S sorda*. The [s] sound occurs (1) at the beginning of a word, when **s** is followed by a vowel; (2) when **s** is followed by **ca, co, cu, ch,** or by **f, p, q,** or **t;** (3) when **s** is doubled. Listen and repeat.

1. salute
2. sete
3. simpatico
4. soldi
5. supermercato
6. scandalo
7. scolastico
8. scuola
9. schema
10. sfera
11. spaghetti
12. squadra
13. stadio
14. basso

B. *S* **sonora.** The [z] sound occurs (1) when **s** is followed by **b, d, g, l, m, n, r,** or **v** and (2) when **s** appears between vowels. Listen and repeat.

24

1.	sbagliato	5.	smog	9.	posizione
2.	sdraio	6.	snob	10.	uso
3.	sgobbare	7.	sregolato	11.	rose
4.	slogan	8.	sveglio	12.	visitare

C. *S* **e doppia** *s.* Contrast the pronunciation of single and double **s** in these pairs of words. Listen and repeat.

25

1. casa / cassa
2. base / basse
3. mesi / messi
4. risa / rissa
5. rose / rosse
6. illuso / lusso

D. Parliamo italiano! You will hear each sentence twice. Listen and repeat.

26

1. Sette studentesse sono snelle.
2. Non sono dei grossi sbagli di pronuncia.
3. Tommaso ha sei rose rosse.
4. Gli studenti sbadigliano spesso.
5. Non siete stanchi di sgobbare?

Ed ora ascoltiamo!

Three people will introduce themselves to you. Listen carefully as many times as you need to. Write the name of the person next to the portrait that matches the description.

27

Barbara

Elena

MariaPia

Elena

Dettato

You will hear a brief dictation three times. The first time, listen carefully. The second time, the dictation will be read with pauses. Write what you hear. The third time, check what you have written. Write on the lines provided. Check your dictation in the Answer Key.

Salve! Sono Antonio *Sono ragazzo italiano. Ho diciotto anni. Sono alto, con i capelli corti e ricci e sono studente. Carola è una ragazza francese. È alta, con bionda con gli occhi castani. Lei è una ragazza molto intelligente, e anche molto bella.*

Dialogo

Prima parte. Malpensa International Airport in Milan. Dawn, an American university student of Italian, has just arrived in Italy.

29

Listen carefully to the dialogue.

Parole utili: statura media (*average height*), gli occhiali (*eyeglasses*)

LUCIA: Pronto?
DAWN: Pronto, buon giorno, c'è Alberto, per favore? Sono l'amica di David, Dawn.
LUCIA: Ciao, Dawn, benvenuta in Italia! Sì, Alberto è qui, un momento...
ALBERTO: Ciao, Dawn, come va? Dove sei?
DAWN: Tutto bene, grazie. Sono in aeroporto.
ALBERTO: Oh bene, ho la macchina oggi, sono lì tra mezz'ora allora.
DAWN: Grazie mille, ma non c'è un autobus per il centro da questo aeroporto?
ALBERTO: Sì, c'è un autobus per la Stazione Centrale, ma no, vengo io con la macchina! Piuttosto, come sei? Ho una foto di te e David, ma è vecchia. Nella foto sei alta e bionda...
DAWN: Sì, con i capelli lunghi e lisci... ho anche gli occhiali. E tu, come sei?
ALBERTO: Di statura media capelli castani ricci, baffi, robusto e ho una bella macchina francese, una Peugeot blu.
DAWN: Bene. Allora, a tra poco! Grazie!

30 **Seconda parte.** Listen to the dialogue again. Pay particular attention to information describing Dawn and Alberto and their means of transportation.

31 **Terza parte.** You will hear six sentences based on the dialogue. You will hear each sentence twice. Circle **vero** if the statement is true and **falso** if false.

1. vero (falso)

2. (vero) (falso)

3. vero ~~falso~~

4. ~~vero~~ falso

5. vero ~~falso~~

6. ~~vero~~ falso

Sara in Italia

Sara is in Florence. Today she is with Federica, one of her good Italian friends. In the center of Florence, an important city of Roman origin with a rich Medieval and Renaissance history, Federica explains what Italian cities are like and what they often have in common.

Listen carefully, as many times as you need to. Then, answer the questions you hear. You will hear each question twice. Repeat the response.

Parole utili: cioè (*that is*), il Comune (*Town Hall*), gli eroi (*heroes*), la grata (*grate*), le mura (*walls*), le porte (*gates*)

Firenze

1. ... 2. ... 3. ... 4. ... 5. ...

Sara in rete...

For more information about what Sara experienced during her travels, check out the links found on the *Prego!* website (**www.mhhe.com/prego7).**

CAPITOLO 3

Studiare in Italia

 Vocabolario preliminare

A. Per cominciare. You will hear a dialogue followed by four questions. You will hear the dialogue twice. The first time, listen carefully. The second time, it will be read with pauses for repetition. Then answer the questions. Repeat the response.

STEFANO: Ciao, sono Stefano, e tu?
PRISCILLA: Priscilla, sono americana.
STEFANO: Sei in Italia per studiare?
PRISCILLA: Sì, la lingua e la letteratura italiana…
STEFANO: Oh, parli bene l'italiano!
PRISCILLA: Studio anche la storia dell'arte. E tu, che cosa studi?
STEFANO: Studio storia e filosofia, ma l'arte è la mia passione!

   1. …   2. …   3. …   4. …

B. In che corso? You will hear five questions based on the following drawings. Answer each question and repeat the response. Scan the drawings now.

> ESEMPIO: *You hear:* In che corso siamo?
> *You say:* In un corso di antropologia.

1.

2.

3.

4.

5.

C. Io studio... You will hear Annarita introduce herself and talk about her subjects of study. You will hear the passage twice. The first time, listen carefully. The second time, write the missing words. The first one has been done for you. Check your answers in the Answer Key.

Ciao, mi chiamo (*my name is*) Annarita e sono una studentessa di liceo (*high school*).

Studio _____*filosofia*_____, _____*storia*_____[1] e _____*letteratura*_____[2]

Purtroppo devo studiare (*I must study*) anche _____[3] e

_____[4] C'è anche una materia che detesto: _____*matematica*_____[5]

Infatti (*In fact*), non sono brava in _____*trigonometria*_____;[6] sono brava in

_____*lettere*_____[7] La mia materia preferita è _____*letteratura*_____[8]

_____*fisica*_____[9] è invece (*instead*) per me una materia noiosa e anche molto difficile.

D. Una famiglia di professori e studenti. You will hear a dialogue between two students, Alberto and Raffaella, as they are waiting to take an oral exam at the university. You will hear the dialogue twice. The first time, listen carefully. The second time, it will be read with pauses for repetition. Then complete the sentences that follow.

Parole utili:

essere severo	*to be strict*
mi aiuta	*helps me*
essere fortunato	*to be lucky*

1. Raffaella ha un esame di _____.
   a. matematica   b. fisica   c. biologia
2. Secondo Alberto i professori sono _____.
   a. molto severi   b. bravi   c. importanti
3. La sorella di Alberto studia _____.
   a. matematica   b. fisica   c. ingegneria
4. Il fratello di Raffaella studia _____.
   a. biologia   b. chimica   c. fisica
5. Il padre di Raffaella, il professor Renzi, è professore di _____.
   a. ingegneria   b. fisica   c. matematica

In ascolto

La vita (*life*) **degli studenti.** Fabio and Laura have a tough week ahead of them. Listen carefully to their conversation. Then, stop the audio and complete the following sentences. Check your answers in the Answer Key.

1. Oggi Fabio è _____ perché ha gli scritti di _____ domani.

2. I due amici vanno (*are going*) in _____ stasera (*this evening*) per _____ insieme (*together*).

3. Fabio ha anche un esame di _____ mercoledì.

4. Fabio _____ di dimenticare (*forget*) le date importanti.

5. Laura ha un esame di _____.

Grammatica

A. Presente dei verbi in -are

A. Per cominciare. You will hear a passage twice. The first time, listen carefully. The second time, write the missing words. Check your answers in the Answer Key.

_____ Sono _____[1] Sara e _____ abito _____[2] a Roma con un'amica, Giulia. Durante la __ settimana __[3] io lavoro e Giulia __ studia __[4] Il sabato e la _____ [5] incontriamo gli amici, *mangiamo* [6] una pizza, *ascoltiamo* [7] sempre la musica e spesso *andiamo* [8] a ballare.

B. Chi? You will hear a series of sentences. You will hear each sentence twice. Circle the subject to which the sentences refer.

ESEMPIO: *You hear:* Suonate la chitarra?

You circle: (a. voi) b. Virginia

1. a. questa ragazza (b.) queste ragazze

2. a. io (b.) lui

3. a. voi (b.) tu

4. (a.) il signor Rossi b. i signori Rossi

5. a. noi (b.) loro

6. (a.) io b. noi

C. Che confusione! You're at a party with Paolo, who has everything wrong about you and your friends. Correct him using the following information. Repeat the response.

ESEMPIO: *You read:* Voi lavorate in banca?
You hear: Sabrina e Ivan
You say: No, noi non lavoriamo in banca, Sabrina e Ivan lavorano in banca!

1. Tu parli spagnolo?
2. Michela abita a Firenze?
3. Voi studiate giapponese?
4. La professoressa Brown insegna italiano?
5. Tu suoni la chitarra?
6. Victor frequenta il corso di economia e commercio?

B. Dare, stare, andare e fare

A. Per cominciare. You will hear a dialogue twice. The first time, listen carefully. The second time, it will be read with pauses for repetition.

Ecco il mio segreto per studiare con successo: vado sempre a lezione, sto molto attento in classe, faccio sempre tutti i compiti e quando do gli esami non ho mai problemi!

B. Con che cosa vanno? Look at the drawings and tell how these people are getting about. Use the subjects you hear and the following places. Repeat the response.

ESEMPIO: *You see and read:*

in Italia

You hear: Giulia
You say: Giulia va in Italia in aereo.

1.

all'università

2.

a Roma

3.

a casa

4.

in centro

5.

a Firenze

C. Una persona curiosa. Rebecca is very curious about everything today. You will hear her questions twice. Answer according to the cues. Repeat the response.

ESEMPIO: *You hear:*   Fai il letto tutti i giorni?
You read: sì
You say: Sì, faccio il letto tutti i giorni.

1. no
2. sì
3. no
4. sì
5. sì
6. no

D. La vita degli studenti. Fabio and Laura have a tough week ahead of them. You will hear a dialogue about their week twice. The first time, listen carefully. The second time, write the missing verbs. Check your answers in the Answer Key.

LAURA: Ciao… come ___Va___[1]?

FABIO: Così così. Ho gli orali di storia dell'arte domani, è un esame terribile! ___Sto___[2] a casa a studiare stasera.

LAURA: ___Stai___[3] altri esami questa settimana?

FABIO: Sì, mercoledì ho gli scritti di latino.

LAURA: Sei pronto?

FABIO: Sì, ma devo ___fa___[4] attento a non sbagliare i verbi. E tu, ___dai___[5] esami in questa sessione?

LAURA: Sì, ___do___[6] gli scritti di lingua e letteratura francese la settimana prossima. ___Sto___[7] a casa a studiare tutto il week-end. Il mio francese è così così, e gli scritti sono difficili, il dettato specialmente!

FABIO: Perché non ___andiamo___[8] a studiare insieme a casa mia? Io studio storia dell'arte e latino e tu prepari francese, va bene?

E. Qualche domanda anche per te (*A few questions for you too*)… Answer the following questions orally about your life as a student.

1. …   2. …   3. …   4. …

C. Aggettivi possessivi

A. Per cominciare. You will hear a dialogue twice. The first time, listen carefully. The second time, Roberto's lines will be read with pauses for repetition.

GIANNI: Chi è il tuo professore preferito?
ROBERTO: Beh, veramente ho due professori preferiti: il professore di biologia e la professoressa di italiano.

GIANNI: Perché?

ROBERTO: Il professore di biologia è molto famoso: i suoi libri sono usati nelle università americane. La professoressa di italiano è molto brava; apprezzo la sua pazienza e il suo senso dell' umorismo.

B.   La mia professoressa preferita è... You will hear a continuation of the dialogue between Gianni and Roberto, followed by three questions. You will hear the dialogue twice. The first time, listen carefully. The second time, the part of Gianni will be read with pauses for repetition. Then answer the questions in writing. Check your answers in the Answer Key.

Frasi utili:

lo dico subito	*I'll say it outright*
anzi	*in fact*
affascinante	*fascinating*
scelta	*choice*
fidanzata	*girlfriend*

ROBERTO: E i tuoi professori come sono?

GIANNI: Io non sono imparziale: ho solo un professore preferito, anzi, una professoressa, l'assistente di psicologia. Le sue lezioni sono sempre super-interessanti...

ROBERTO: Mmmmmm... Non è forse la tua fidanzata questa assistente? Non insegna psicologia qui all'università?

GIANNI: Vero, vero, è proprio la mia fidanzata...

1.   Chi è l'insegnante preferito di Gianni? _____

2.   Che cosa è super-interessante? _____

3.   Perché Gianni non è imparziale nella sua scelta? _____

C.   Dov'è? You're very absentminded today. Ask where your things are. Repeat the response.

> ESEMPIO: *You hear:*   libro
> *You say:*   Dov'è il mio libro?

1. ...   2. ...   3. ...   4. ...   5. ...   6. ...   7. ...   8. ...

D. Possessivi con termini di parentela

A.   Per cominciare. You will hear a passage twice. The first time, listen carefully. The second time, it will be read with pauses for repetition.

Sono Carla. Ecco la mia famiglia! Io sono la ragazza bionda, bassa e un po' cicciotta. Mio padre è dottore. Lavora all'ospedale in centro. Mia madre è infermiera e lavora con mio padre. Il mio fratellino, Tonino, è cattivo e antipatico. Non andiamo d'accordo. Noi abbiamo un cane. Il suo nome è Macchia perché è bianco e nero.

B. Un albero genealogico (*A family tree*). You will hear a passage in which Riccardo describes his family. You will hear the passage three times. The first time, listen carefully. The second time, complete the family tree with the appropriate relative term and that relative's profession (**professione**). The third time, check your answers. Check your completed information in the Answer Key. Then complete the statements, based on the passage. Scan the family tree illustration now.

Parole utili: nubile (*f., single*), parente (*relative*), sposata (*f., married*)

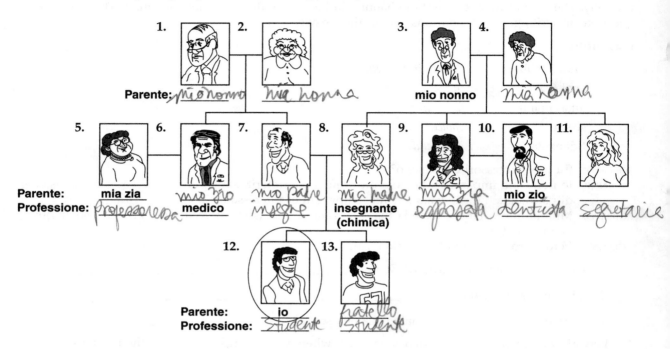

Now complete the following statements both in writing and orally. Repeat the response. Then check your written answers in the Answer Key. The first one has been done for you.

1. ___Il___ ___suo___ fratellino è studente di fisica.
2. ___Suo___ ___padre___ insegna matematica.
3. ___Sua___ ___madre___ insegna chimica.
4. La moglie di ___suo___ ___zio___ è professoressa di biologia.
5. ___La___ ___sua___ ___zia___ nubile è segretaria.
6. I ___suoi___ ___zii___ sono dentisti.
7. ___I___ ___suoi___ nonni abitano a Napoli.

C. La mia famiglia. Riccardo is your guest at a family gathering. Point out your relatives to him. Repeat the response.

ESEMPIO: *You read:* lo zio Giulio, professore
          You say: Ecco mio zio Giulio. Lui è professore.

1. le cugine Barbara e Daniela / studentesse di medicina
2. i nonni / in pensione (*retired*)
3. la zia Anna / dentista
4. fratello / studente
5. il cugino Emanuele / architetto

D. E il tuo albero genealogico? Answer the following six questions orally based on your own family tree.

1. ... 2. ... 3. ... 4. ... 5. ... 6. ...

E. Questo e quello

A. Per cominciare. You will hear a dialogue twice. The first time, listen carefully. The second time, the dialogue will be read with pauses for repetition.

MIRELLA: Quale compri, questo golf rosso o quella maglietta blu?

SARA: Compro quel golf rosso. E tu, cosa compri? Quel golf giallo è molto bello, ma è bella anche questa maglietta grigia.

MIRELLA: Non lo so. Tutt'e due sono belli.

B. Quale? Giacomo is unsure which people you're talking about. Answer the questions with the appropriate form of **quello.** Repeat the response.

ESEMPIO: *You hear:* Quale ragazza?
You say: Quella ragazza.

1. ... 2. ... 3. ... 4. ... 5. ... 6. ... 7. ... 8. ...

Pronuncia: The sounds of the letter "g"

As you learned in the **Capitolo preliminare,** the letter **g** represents two sounds in Italian: [g] as in the English word *go* and [ǧ] as in the English word *giant.*

A. *G dura.* The [g] sound occurs when **g** is followed directly by **a, o, u, h,** or most other consonants. Listen and repeat.

1. gatto
2. gondola
3. guidare
4. ghetto
5. grasso

B. *G dolce.* The [ǧ] sound occurs when **g** is followed directly by **e** or **i.** Listen and repeat.

1. gennaio
2. giapponese
3. giorno
4. giurisprudenza
5. antropologia

C. *G e doppia g.* Contrast the pronunciation of the single and double **g** sounds in these pairs of words. Listen and repeat.

1. fuga / fugga
2. lego / leggo
3. agio / maggio
4. pagina / paggio

D. *Gl e gn.* The clusters **gl** and **gn** have special sounds. Most of the time, **gl** is pronounced like the *ll* in the English word *million,* while **gn** is similar in sound to the first *n* in the English word *onion.* Listen and repeat.

1. gli
2. sbagliato
3. foglio
4. meglio
5. gnocchi
6. spagnolo
7. ingegneria
8. gnomo

E. Parliamo italiano! You will hear each sentence twice. Listen and repeat.

1. Lo spagnolo e l'inglese sono due lingue.
2. È uno sbaglio tagliare l'aglio sulla tovaglia.
3. Ecco gli insegnanti di psicologia.
4. Gli ingegneri giapponesi arrivano in agosto.
5. Giugno e luglio sono due mesi meravigliosi.
6. Giovanna e Gabriella sono giovani.

Ed ora ascoltiamo!

You will hear a description of Lisa. Listen carefully, as many times as you need to. Then you will hear six statements. Circle **vero** or **falso.**

1. vero ~~falso~~
2. ~~vero~~ falso
3. vero ~~falso~~
4. vero ~~falso~~
5. vero ~~falso~~
6. vero ~~falso~~

Dettato

You will hear a brief dictation three times. The first time, listen carefully. The second time, the dictation will be read with pauses. Write what you hear. The third time, check what you have written. Write on the lines provided. Check your dictation in the Answer Key.

Mariella, Stefano e Patrizia, *amici di Fanzia ricordano*
Quelli.
5 a la scuola elementare e 3 a la scuola media.
Essi

_____

_____

_____

_____

Dialogo

Prima parte. It's June and Mariella and Patrizia are studying for their graduation exams. They are on the phone when Stefano, Mariella's brother, arrives. Stefano is also a high school student, but he doesn't attend the same kind of high school.

Listen carefully to the dialogue.

MARIELLA: Oh, Patrizia, comincio ad avere paura di questo esame! Tra due giorni cominciano gli scritti e io non sono preparata!

PATRIZIA: Anch'io non sono pronta. Ho il terrore a pensare a lunedì, allo scritto di italiano. Ripasso gli autori del Romanticismo, ma il mio vero problema è martedì, con lo scritto di matematica! Ho bisogno di ripassare trigonometria e di fare molti molti esercizi!

MARIELLA: Se hai voglia, stasera studiamo italiano insieme qui a casa mia e facciamo un po' di esercizi di matematica. La matematica è la mia materia preferita.

PATRIZIA: Perfetto! Porto i libri di italiano di mia sorella, spiegano la letteratura molto bene.

MARIELLA: Ok, allora. Un momento, arriva mio fratello. Oh, com'è triste! Stefano, come va?

STEFANO: Male, va male! Preparo greco per gli scritti, ma è difficile ricordare i verbi greci!

PATRIZIA: Tuo fratello fa il Liceo Classico? Mamma mia, studia greco!

MARIELLA: Sì, è vero, ma noi allo Scientifico abbiamo matematica, non dimenticare! Abbiamo materie molto difficili anche noi! Stefano ha gli orali tra due settimane e anche latino da preparare.

PATRIZIA: Le interrogazioni orali non sono le mie favorite. Ho sempre paura di dimenticare tutto davanti ai professori.

MARIELLA: Allora, Patrizia, a casa mia stasera alle otto? Porti i libri di trigonometria e italiano, ok?

PATRIZIA: Ok! Per me va benissimo!

Seconda parte. Listen to the dialogue again. Pay particular attention to the school subjects discussed by the students and to their exam and study schedules.

Terza parte. You will hear six sentences based on the dialogue. You will hear each sentence twice. Circle **vero** if the statement is true and **falso** if false.

1. vero (falso)
2. (vero) falso
3. (vero) falso
4. vero (falso)
5. (vero) falso
6. vero (falso)

Sara in Italia

Sara is in Perugia, where her friend Priscilla (an Italian teacher in the United States) is taking a course at the Università per Stranieri during the summer. Sara calls Priscilla and invites her out.

Listen carefully, as many times as you need to. Then, answer the questions you hear. You will hear each question twice. Repeat the response.

Parole utili: vuol dire che (*it means that*), più (*more*), felpa (*sweatshirt*)

1. ...   2. ...   3. ...   4. ...   5. ...

Sara in rete...

For more information about what Sara experienced during her travels, check out the links found on the *Prego!* website (**www.mhhe.com/prego7**).

CAPITOLO 4

Sport e passatempi

 ## Vocabolario preliminare

A. Per cominciare. You will hear a dialogue twice. The first time, listen carefully. The second time it will be read with pauses for repetition.

LORENZO: Ciao, Rita! Ciao, Alessandro! Che cosa fate oggi?
ALESSANDRO: Vado a giocare a tennis con Marcello e poi a casa: c'è un bel film alla TV.
RITA: Io invece vado a fare aerobica con Valeria, poi abbiamo un appuntamento con Vittoria per studiare. C'è un esame di matematica domani!
ALESSANDRO: E tu, Lorenzo, che programmi hai?
LORENZO: Mah, oggi non ho voglia di fare niente...
RITA: Che novità, è il tuo passatempo preferito!

B. Cosa fanno? Look at the drawings and answer the questions about what the people are doing. Repeat the response.

ESEMPIO: *You see:*

You hear: Mauro fa aerobica o ascolta i Cd?
You say: Mauro ascolta i Cd.

1.

2.

3.

4.    5.

4

C. Cosa facciamo stasera? You will hear the following dialogue twice. The first time, listen carefully. The second time, write the missing words. Check your answers in the Answer Key.

Espressioni utili:

alla TV non danno mai	*on TV there's never*
fare un giro a piedi	*to go out for a walk*
guardare le vetrine	*to look at the shop window displays*
un modo elegante per dire	*a nice way of saying*
le camere da letto	*bedrooms*
la sala da pranzo	*dining room*
il bagno	*bathroom*
la cucina	*kitchen*

PIERA: Romolo, cosa _facciamo_¹ stasera?

ROMOLO: Mah, non lo so… _andiamo_² al cinema? O _vediamo_³ un film alla TV?

PIERA: No, non _ho_⁴ _voglio_⁵ di andare al cinema…

E alla TV non _____⁶ mai niente d'interessante.

ROMOLO: E allora che _vuoi_⁷ fare? Perché non _facciamo_⁸ un giro a piedi, andiamo in centro e _____⁹ le vetrine…

PIERA: Ma Romolo, nevica! _fa troppo_¹⁰ troppo freddo!

ROMOLO: Sì, nevica ma cosa vuoi fare, ~~passo~~¹¹ l'inverno in casa?

PIERA: Ma no…

ROMOLO: Insomma, che vuoi fare? Un caffè, allora?

PIERA: No, niente caffè… sai, piuttosto, _____¹² proprio bisogno di _pulire_¹³ la casa…

ROMOLO: Eh, ora _capisco_¹⁴! Qui no, là no, insomma, un modo elegante per dire che abbiamo bisogno di pulire la casa. E va bene, ma io ~~pao~~ _pulisco_¹⁵ le camere da letto e la sala da pranzo, tu _pulisci_¹⁶ il bagno e la cucina!

D. Che stagione? You will hear a series of months. You will hear each month twice. Listen carefully, then circle the name of the season in which the month falls.

ESEMPIO: *You hear:* febbraio
You circle: primavera   estate   autunno   (inverno)

1. (primavera)   estate   autunno   inverno

2. primavera   estate   (autunno)   inverno

3. primavera   estate   autunno   (inverno)

4. primavera   (estate)   autunno   inverno

In ascolto

Che fai adesso (*now*)? What are Chiara and Stefania doing? Listen carefully and then answer the following questions. Check your answers in the Answer Key.

1. Dove va Chiara?
2. Dove va invece Stefania?
3. Quanti autobus deve prendere (*must take*) Chiara?
4. Come sono le lezioni che prende Chiara?

Grammatica

A. Presente dei verbi in -ere e -ire

A. Per cominciare. You will hear a passage followed by three completion sentences. You will hear the passage twice. The first time, listen carefully. The second time it will be read with pauses for repetition. Then indicate the best completion to each sentence.

Siamo una famiglia molto sportiva. Mio padre corre ogni giorno e poi va in ufficio; mia madre prende lezioni di tennis in estate e preferisce nuotare in piscina in inverno; mia sorella va in palestra e fa sollevamento pesi... persino mia nonna fa aerobica!

1. a. preferisce correre.

   b. preferisce fare aerobica.

2. a. prende lezioni di tennis.

   b. fa sollevamento pesi.

3. a. fa aerobica.

   b. nuota.

B. E tu, cosa fai la sera? You will hear ten questions about your own evening activities. You will hear each question twice. Tell how often you do the given activity by checking the appropriate column: **sempre, spesso,** or **mai** (*never*).

	SEMPRE	SPESSO	MAI		SEMPRE	SPESSO	MAI
1.	☑	☐	☐	6.	☑	☐	☐
2.	☐	☑	☐	7.	☑	☐	☐
3.	☐	☑	☐	8.	☐	☑	☐
4.	☐	☐	☑	9.	☐	☑	☐
5.	☐	☑	☐	10.	☑	☐	☐

C. Una serata a casa Magnani... You will hear a passage describing the evening activities at Francesco Magnani's house. You will hear the passage read twice. The first time, listen carefully. The second time, write notes on each person's evening activity. Then complete each statement orally, when you hear the name of the person. Repeat the response.

La nonna *guarda la TV*

La mamma *lavorando con la il computer*

Papà *lege il giornale*

I fratelli *dipingono o disegnano.*

Luigino *dorme.*

Francesco *scrive.*

B. Dovere, potere e volere; dire, uscire e venire

A. Per cominciare. You will hear a dialogue three times. The first time, listen carefully. The second time, number the script that follows from 1 to 6. Number one has been done for you. The third time, check the order. Then check your answers in the Answer Key.

_6_ Domani sera allora?

_2_ No, non posso. Devo studiare.

_5_ Tu non hai mai tempo per me. Devo cercare un'altra ragazza!

_1_ No, devo andare a una riunione...

_3_ Vuoi uscire stasera, Daniela?

_4_ C'è un bel film al cinema Diana.

B. Doveri. Francesco cannot believe that people ever skip fun activities because they have to study. Answer his questions using the appropriate forms of **non potere** and **dovere studiare.** Repeat the response.

> ESEMPIO: *You hear and read:* Perché non andate a ballare?
> *You say:* Non possiamo andare a ballare. Dobbiamo studiare.

1. Perché non guardi la televisione?
2. Perché non giocano a tennis?
3. Perché non va a nuotare?
4. Perché non uscite con gli amici?

C. Desideri. Tell what everyone wants for the holidays using the oral and written cues and the correct form of **volere.** Repeat the response.

> ESEMPIO: *You read:* gatto
> *You hear:* Marta e Sara
> *You say:* Marta e Sara vogliono un gatto.

1. bicicletta
2. cravatta
3. Cd
4. chitarra
5. orologio
6. libro

D. Desideri, bisogni, doveri e possibilità... Using the information you read and the verbs you hear, say what kind of activities the following people wish to, need to, must or can perform. Repeat the response.

> ESEMPIO: *You read:* Marco / suonare il piano / stasera
> *You hear:* volere
> *You say:* Marco vuole suonare il piano stasera.

1. Io e Mirko / andare a teatro / domani
2. Luigi / prendere lezioni di arti marziali / questo semestre
3. Io / usare il computer / oggi pomeriggio
4. Rosa e Amanda / correre la maratona / questo mese
5. Paola e Riccardo / pulire la casa / questo week-end
6. Tu / cucinare per tutti / domani

E. Grazie! You are teaching little Rebecca manners by pointing out to her who always says **grazie.** Answer her questions according to the cues. Repeat the response.

> ESEMPIO: *You hear:* E Rossella?
> *You say:* Rossella dice sempre «grazie!»

1. ... 2. ... 3. ... 4. ... 5. ...

F. Quando? Say what night of the week you and your friends go out. Repeat the response.

> ESEMPIO: *You read:* il sabato
> *You hear:* noi
> *You say:* Noi usciamo il sabato.

1. il lunedì
2. la domenica
3. il giovedì
4. il mercoledì
5. il venerdì

G. Anch'io! It's a beautiful day, and everyone's coming to Marco's picnic. Answer his questions as in the example. Repeat the response.

> ESEMPIO: *You hear:* E tu?
> *You say:* Vengo anch'io!

1. ... 2. ... 3. ... 4. ... 5. ...

C. Pronomi di oggetto diretto

A. Per cominciare. You will hear a dialogue followed by four questions. You will hear the dialogue twice. The first time, listen carefully. The second time, Clara's lines will be read with pauses for repetition. Then answer the questions orally by selecting the appropriate response. Repeat the response.

ANNAMARIA: Mi inviti alla festa?
CLARA: Certo che ti invito!
ANNAMARIA: Inviti anche Marco?
CLARA: Certo che lo invito!
ANNAMARIA: E Maria?
CLARA: Certo che la invito!
ANNAMARIA: Compri le pizze e le bibite?
CLARA: Certo che le compro!
ANNAMARIA: Prepari panini per tutti?
CLARA: Certo che li preparo. Così mangiamo bene e passiamo una bella serata!

Sì, li invita.
Sì, le compra.
No, non lo compra.
Sì, la invita.

1. ... 2. ... 3. ... 4. ...

B. Benny. You will hear a dialogue followed by three questions. You will hear the dialogue twice. The first time, listen carefully. The second time, Clara's lines will be read with pauses for repetition. Then answer the questions. Repeat the response.

Parole utili: le faccende (*chores*), il letto (*bed*)

ANNAMARIA: Clara, in casa tua chi lava i piatti?
CLARA: Che domanda! Li lava Benny!
ANNAMARIA: E chi pulisce la casa?
CLARA: La pulisce Benny!
ANNAMARIA: E chi fa il letto ogni mattina?
CLARA: Lo fa Benny!
ANNAMARIA: E la cucina? E le altre faccende?
CLARA: Le fa Benny! Le fa Benny!
ANNAMARIA: Che marito adorabile! Come deve amarti Benny... E tu che fai tutto il giorno?
CLARA: Lavoro con i robot. Programmo Benny con il computer!

1. ... 2. ... 3. ...

C. Una ricetta (*recipe*) facile facile... Pasta alla carbonara! Your Italian roommate is teaching you to cook pasta carbonara. You will hear her say each line of the recipe carefully. Rephrase each sentence she says with the appropriate direct object pronoun. Repeat the response.

Parole utili:

prendere	*to take*	sbattere	*to beat*
mettere	*to put*	il pepe	*pepper*
l'acqua	*water*	la pancetta	*bacon*
bollire	*to boil*	mescolare	*to mix*
il sale	*salt*	al dente	*firm*
le uova	*eggs*	scolare	*to drain*

ESEMPIO: *You hear and read:* Prendo tutti gli ingredienti e metto gli ingredienti qui.
You say: Prendo tutti gli ingredienti e li metto qui.

1. Prendo l'acqua e metto l'acqua a bollire.
2. Prendo il sale e metto il sale nell'acqua.
3. Prendo gli spaghetti e metto gli spaghetti nell'acqua.

4. Prendo le uova e sbatto le uova.
5. Prendo il pepe e la pancetta e mescolo il pepe e la pancetta con le uova.
6. Quando gli spaghetti sono al dente, scolo gli spaghetti.
7. Prendo la salsa e metto la salsa sugli spaghetti.
8. Servo la pasta e mangio subito la pasta.

D. L'ora

A. Per cominciare. You will hear a dialogue twice. The first time, listen carefully. The second time, the dialogue will be read with pauses for repetition.

MARTINA: Che ore sono?
PAOLO: Sono le 8.45.
MARTINA: È tardi, devo andare a lezione di chimica!
PAOLO: Vai a piedi?
MARTINA: No, devo correre a prendere l'autobus.

B. La giornata di Luca. You will hear a passage describing Luca's day. You will hear the passage twice. The first time, listen carefully. The second time, write the time that he does each activity. The first one has been done for you. Check your answers in the Answer Key.

Orario:

1. ___8.00___ studiare fisica
2. ___8.00___ lezione di chimica
3. ___12.00___ incontrare gli amici
4. ___2.00___ pranzare
5. ___20.05___ studiare in biblioteca
6. ___6.00___ giocare a calcio
7. ___6.00___ cenare con Gabriella

C. Che ore sono? Tell the time using the 12-hour clock and the appropriate time expression: **di mattina, del pomeriggio, di sera** or **di notte.** Repeat the response.

ESEMPIO: *You see:*

You say: Sono le otto meno dieci di mattina. *o* Sono le sette e cinquanta di mattina.

1.

2.

3.

4.

5.

6.

D. Adesso tocca a te! You will hear six questions about your daily routine. You will hear each question twice. Answer according to the cues.

1. Alle otto di mattina sono…
2. Faccio colazione alle…
3. A mezzogiorno sono…
4. Di solito vado in biblioteca alle…
5. Vado a letto alle…
6. All'una di notte sono…

Pronuncia: The combination "sc"

The combination **sc** represents two sounds: [sk] as in the English word *sky,* and [š] as in the English word *shy.*

A. Sc dura. The [sk] sound occurs when **sc** is followed directly by **a, o, u, h,** or another consonant. Listen and repeat.

1.	scandalo	3.	scusa	5.	scrive
2.	sconto	4.	schema	6.	tedeschi

B. Sc dolce. The [š] sound occurs when **sc** is followed directly by **e** or **i.** Listen and repeat.

1.	scena	3.	scendere	5.	sciopero
2.	scelta	4.	scienza	6.	prosciutto

C. Parliamo italiano! Listen and repeat.

1. Cos'è il «Gianni Schicchi»? È un'opera; io ho il Cd.
2. Tosca esce con uno scultore tedesco.
3. Perché non pulisci le scarpe?
4. Posso lasciare i pesci con il prosciutto?
5. Francesco preferisce sciare con questi sci.
6. «Capire fischi per fiaschi» significa capire una cosa per un'altra.

Ed ora ascoltiamo!

Vieni con me? You will hear a conversation between Patrizio and Graziella. Listen carefully as many times as you need to. Then you will hear five questions. Indicate the correct answer.

1. a. Gianni Amelio   b. Roberto Benigni
2. a. «La vita è bella»   b. «Il ladro di bambini»
3. a. una recensione su Gianni Amelio   b. una mostra (*exhibit*) fotografica
4. a. guardare un film in videocassetta   b. fare fotografie
5. a. vanno al cinema   b. fanno fotografie

Dettato

You will hear a brief dictation three times. The first time, listen carefully. The second time, write what you hear. The third time, check what you have written. Write on the lines provided. Check your dictation in the Answer Key.

Giovanna e Rossana *Sono due Ragazze di Milano.*

Frequenta la università sta. Statale.

Facoltata la leggere e pti Filosofia

plessandra invece lavora

E architetro,

La domenicà lettere

Vano esercizi

Danno

Dialogo

Prima parte. Alessandro, Rita, and Lorenzo are talking about where to go for their winter vacation.

Listen carefully to the dialogue.

Parole utili: fare della roccia (*to go rock climbing*), lo sci di fondo (*cross-country skiing*)

ALESSANDRO: Allora, dove andiamo in montagna quest'anno? Sulle Dolomiti o in Valle d'Aosta?

RITA: Preferisco le Dolomiti, specialmente la zona di Moena e del passo di San Pellegrino, possiamo andare a sciare sul colle Margherita…

LORENZO: Io invece dico di andare in Valle d'Aosta, perché ho intenzione di fare delle passeggiate nella zona del Gran Paradiso, non di sciare ogni giorno.

ALESSANDRO: Io voglio anche fare della roccia se possibile.

RITA: E io lo sci di fondo! Le Dolomiti hanno delle belle foreste e lo sci di fondo è eccezionale tra gli alberi…

ALESSANDRO: Va bene, allora, quest'anno andiamo in Trentino. Tu che dici, Lorenzo? Dobbiamo trovare però un albergo con una palestra, perché quando non sciamo posso fare del sollevamento pesi…

RITA: …o io aerobica…

LORENZO: …e io invece penso di stare in camera a giocare con il computer! Il Trentino va bene anche per me. Mentre voi andate in palestra, io mi rilasso al caldo in albergo, dopo le mie passeggiate!

Seconda parte. Listen to the dialogue again. Pay particular attention to information describing what the three friends want to do on vacation and where they are thinking about doing these activities.

Terza parte. You will hear six sentences based on the dialogue. You will hear each sentence twice. Circle **vero** if the statement is true and **falso** if it is false.

1. vero   falso
2. vero   falso
3. vero   falso

4. vero   falso
5. vero   falso
6. vero   falso

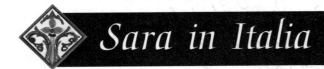

Sara in Italia

Sara is on a skiing vacation in the Dolomites, the mountains that are part of the Alps in the Northeast and separate Italy from Austria. Today she is in Bolzano, in Trentino-Alto Adige. She overhears two people talking, a little in German, a little in Italian, and she tries to chat with them.

Listen carefully, as many times as you need to. Then, answer the questions you hear. You will hear each question twice. Repeat the response.

Parole utili: era (*was*)

Bolzano

1. …   2. …   3. …   4. …   5. …

Sara in rete…

For more information about what Sara experienced during her travels, check out the links found on the *Prego!* website (**www.mhhe.com/prego7**).

CAPITOLO **5**

Prendiamo un caffè?

Vocabolario preliminare

A. Per cominciare. You will hear a dialogue twice. The first time, listen carefully. The second time, Andrea's lines will be read with pauses for repetition.

ANDREA: Silvia… cosa prendi?
SILVIA: Un cappuccino.
ANDREA: Non mangi?
SILVIA: No, di solito non faccio colazione la mattina.
ANDREA: Allora… un cappuccino, un caffè e… tre paste.
SILVIA: Tre paste? Hai proprio fame!

B. E voi, cosa prendete di solito? You will hear three passages in which Bruna, Mario, and Rolando tell about their breakfast habits. You will hear the three passages twice. The first time, listen carefully. The second time, check the items that each one eats for breakfast. Listen to the audio for the answers. Scan the list of items now.

Espressioni utili: di rado (*seldom*), qualche volta / certe volte (*at times*)

		BRUNA	MARIO	ROLANDO
1.	un caffè (un espresso)	☐	☒	☐
2.	una brioche, un cornetto	☒	☒	☒
3.	un cappuccino	☒	☐	☒
4.	il latte	☐	☐	☐
5.	un panino	☒	☐	☒
6.	una pasta	☒	☐	☒
7.	una bibita	☐	☐	☒
8.	i cereali	☐	☒	☐
9.	un succo di frutta	☐	☒	☐
10.	la spremuta d'arancia	☐	☒	☐

C. I signori desiderano... ? You will hear Roberto and Giuditta place their orders with the waiter. Listen carefully and correct the statements that are false. Check your answers in the Answer Key.

1. Giuditta prende una spremuta d'arancia.   (vero)   falso

   _____

2. Roberto prende un tè freddo con ghiaccio.   vero   (falso)

   _____ *limonate* _____

3. Roberto prende un panino al prosciutto e formaggio.   (vero)   falso

   _____

4. Giuditta prende un panino al prosciutto.   (vero)   falso

   _____

In ascolto

Al tavolino o no? Valentina and Giacomo can't seem to agree. Listen carefully and decide if each statement is true or false. Then, correct the false statements. Check your answers in the Answer key.

Espressioni utili: al tavolino (*at the table*), al banco (*at the counter*)

1. Valentina è stanca e ha sete.   (vero)   falso

   _____

2. Giacomo non vuole andare al caffè Gilli perché è lontano.   vero   ~~falso~~

 Giacomo vuole andare al caffè Gilli.

3. Valentina vuole leggere il giornale al tavolino.   vero   falso

 _____

4. Secondo Valentina, possono passare due ore al caffè.   vero   falso

 _____

5. Giacomo preferisce prendere un tè freddo al banco.   vero   falso

 _____

Grammatica

A. Preposizioni articolate

A. Per cominciare. You will hear a passage about an Italian student, Silvia Tarrone, twice. The first time, listen carefully. The second time, the passage will be read with pauses for repetition.

Tutte le mattine vado al bar alle otto. Faccio colazione in fretta, prendo un caffè al banco e poi prendo l'autobus delle otto e un quarto per l'università. Frequento i corsi e all'una mangio alla mensa universitaria con i miei amici. Dopo pranzo, andiamo al bar a prendere un caffè e poi andiamo a studiare in biblioteca. Verso le quattro ho voglia di uno spuntino. Vado al bar e di solito prendo un tè caldo. Metto del miele nel tè. Verso le cinque prendo l'autobus e torno a casa.

B. La routine giornaliera di Silvia Tarrone. You will hear Silvia describe her daily routine again. Write notes in the space provided after the questions. Then answer the questions orally. Repeat the response.

1. A che ora va al bar? *alle otto* _____
2. Quale autobus prende? *l'autobus delle otto* _____
3. Quando va a mangiare? *alla mensa universitaria.* _____
4. Dove va dopo pranzo? *al bar* _____
5. Dove studia? *in biblioteca* _____
6. Come prende il tè caldo? *di solito* _____

C. Di chi è? You're helping Luciano get things in order after a big party. Help him match up people with belongings using the names you hear and the following information. Repeat the response.

> ESEMPIO: *You read:* il Cd
> *You hear:* la studentessa
> *You say:* il Cd della studentessa

1. la bicicletta   3. la chiave   5. i libri
2. il giornale   4. la chitarra   6. la giacca

B. Passato prossimo con *avere*

A. Per cominciare. Listen to the dialogue between Massimo and Paolo. You will hear the dialogue twice. Then listen to the sentences that follow and complete each sentence with the correct past participle. Check your answers in the Answer Key.

1. Massimo ha _bevuto_ un caffè.
2. Paolo ha _letto_ che la colazione è il pasto principale.
3. Massimo ha _dormito_ troppo.
4. Paolo ha _capito_ .

B. Già fatto! Explain why some people aren't doing certain things. They already did them! Repeat the response.

> ESEMPIO: *You hear:* Perché non mangia Barbara?
> *You say:* Perché ha già mangiato.

1. ... 2. ... 3. ... 4. ... 5. ... 6. ...

C. Cosa hai fatto ieri? You will hear a dialogue between Tiziana and Sabrina twice. The first time, listen carefully. The second time, Sabrina's lines will be read with pauses for repetition.

TIZIANA: Cosa hai fatto ieri?

SABRINA: Più o meno le solite cose... Ho studiato per un esame di italiano, ho fatto una pausa per mangiare, ho letto un articolo sul giornale, ho guardato la televisione per rilassarmi, ho scritto un saggio al computer, ho fatto la doccia (*took a shower*) dopo avere studiato e ho giocato a tennis con Luca.

D. E tu, cosa hai fatto ieri? Now answer the following questions about what you did yesterday. Take notes on your responses in preparation for the summary statements. Then summarize in two sentences what you did and what you did not do.

1. Sì No _Bevuto un cappuccino - colazione_
2. Sì No _____
3. Sì No _Hai studiato?_
4. Sì No _Hai letto un libro?_
5. Sì No _Hai scritto computer_
6. Sì No _Hai mangiato al ristorante?_
7. Sì No _Hai pulito a casa?_
8. Sì No _Hai fatto aerobica?_

Ieri ho... _studiato, letto un libro, scritto in computer, e pulito_

Ieri non ho... _bevuto un cappuccino, mangiato al ristorante, e fatto aerobica._

C. Passato prossimo con essere

A. Per cominciare. You will hear a dialogue twice. The first time, listen carefully. The second time, it will be read with pauses for repetition.

MARIANNA: Ciao, Carla! Siete già tornati dalle vacanze?

CARLA: Io e Antonio siamo partiti insieme la settimana scorsa e siamo andati al mare. Io sono rimasta tre giorni e sono tornata ieri per lavorare. Antonio invece è rimasto... beato lui!

B. *Avere o essere?* Say who did the following things, according to the cues. Choose either **essere** or **avere** as an auxiliary to form the **passato prossimo**. Repeat the response.

ESEMPIO: *You hear:* Federica
You read: fare la spesa ieri sera
You say: Federica ha fatto la spesa.

1. andare al mare nelle Marche
2. fare una passeggiata per Perugia
3. nascere lo stesso giorno
4. insegnare nello stesso liceo
5. uscire presto di casa
6. partire per New York
7. arrivare all'Isola d'Elba
8. scrivere una lettera a Anna

C. Un appuntamento con Giulia. You will hear a dialogue twice. The first time, listen carefully. The second time, choose the answer that best completes the statements below. Repeat the response.

CARLO: Ciao, Giulia, sei già qui! Sei venuta in macchina?

GIULIA: Ciao, Carlo, sono arrivata dieci minuti fa. Prima sono andata a comprare un giornale. E certo che ho preso l'auto. Tu hai preso l'autobus?

CARLO: Scusa il ritardo. Sono uscito di casa alle nove meno un quarto, ma l'autobus non è arrivato e allora sono venuto a piedi.

GIULIA: Allora, quando partite tu e Franca per le vacanze?

CARLO: Veramente Franca è già tornata. È partita il 7 giugno, è stata al mare per una settimana. Domani, però, parto io!

GIULIA: Non è rimasta molto al mare, perché?

CARLO: È tornata perché è nata la figlia del boss. Infatti adesso c'è il suo boss in vacanza, non lei!

1. Giulia è andata all'appuntamento _____.
   a. in auto
   b. in autobus

2. Carlo è uscito di casa _____.
   a. alle nove
   b. alle otto e quarantacinque

3. Carlo _____.
   a. ha preso l'autobus
   b. è andato a piedi

4. Carlo _____.
   a. è già stato in vacanza
   b. non è ancora partito

5. Franca è stata _____.
   a. in vacanza con il boss
   b. al mare

6. Franca _____.
   a. non è rimasta al mare
   b. ha lavorato al mare

7. Il boss di Franca _____.
   a. ha avuto una figlia
   b. è andato in vacanza senza la figlia

D. Cosa ha fatto Silvia ieri? You already know Silvia Tarrone's daily routine. She probably did exactly the same things yesterday. Say what she did yesterday beginning with **Ieri...** . Repeat the response.

ESEMPIO: *You hear and read:* Tutte le mattine vado al bar alle otto.
You say: Ieri è andata al bar alle otto.

1. Faccio colazione: prendo un caffè.
2. Poi prendo l'autobus delle otto e un quarto per l'università.
3. Frequento i corsi e all'una mangio con miei amici.
4. Dopo pranzo, andiamo al bar a prendere un caffè.
5. Poi andiamo a studiare in biblioteca.
6. Verso le quattro ho voglia di uno spuntino.

7. Vado al bar e prendo un tè caldo.
8. Verso le cinque prendo l'autobus e torno a casa.

D. Conoscere e sapere

A. Per cominciare. You will hear a dialogue followed by four statements. You will hear the dialogue twice. The first time, listen carefully. The second time, Antonio's lines will be read with pauses for repetition. Then circle **vero** if the statement is true or **falso** if it is false.

LUIGI: Conosci Marco?
ANTONIO: No, non lo conosco, ma so che suona il piano e che sa dipingere—è artista e musicista.
LUIGI: Conosci Maria?
ANTONIO: No, non la conosco, ma so che gioca bene a calcio e che sa giocare anche a football.
LUIGI: Tu non conosci molta gente, vero?
ANTONIO: No, questo è vero, ma so molte cose di molte persone!

1. vero   (falso)   3. vero   (falso)
2. (vero)   falso   4. vero   (falso)

B. Certo che li conosco! A friend asks whether you know certain people. You reply that you know them well. Repeat the response.

ESEMPIO: *You hear:* Conosci Vittoria?
          You say: Sì, la conosco bene!

1. ...   2. ...   3. ...   4. ...   5. ...   6. ...

C. Ma che bravi! You and your friends have many talents. Look at the drawings and tell who knows how to do what, according to the cues. Repeat the response.

ESEMPIO: *You see:*

You read: ballare
You hear: Piero e Anna
You say: Piero e Anna sanno ballare il tango.

1.

fare

2.

andare

3.

lavorare

4.

leggere

5.

suonare

Pronuncia: The combinations "qu" e "cu"

The combination **qu** represents the sound [kw] as in the English word *quick*. The combination **cu** followed by a vowel generally has this same sound. The pronoun **cui,** however, is one common exception to this rule.

A. *Qu e cu.* Practice the sound of **qu** and **cu.** Listen and repeat.

1. quasi
2. questo
3. qui
4. quota

5. cuore
6. cuoio
7. nacqui
8. piacque

B. Parliamo italiano! Listen and repeat the sentences.

1. Mia cugina ha comprato cinque quadri qui.
2. Sono quasi le quattro e un quarto.
3. La qualità di quest'acqua è cattiva.
4. Dove mangiamo di solito quelle quaglie squisite?

Ed ora ascoltiamo!

You will hear three short conversations. Listen carefully as many times as you need to. Circle the place where each one is taking place.

1. (a.) in taxi   ~~b.~~ in autobus
2. (a.) in un ristorante   b. al bar
3. (a) all'università   b. dal medico

Dettato

27

You will hear a brief dictation three times. The first time, listen carefully. The second time, the dictation will be read with pauses. Write what you hear. The third time, check what you have written. Write on the lines provided. Check your dictation in the Answer Key.

Oggi, al bar, *non ho presso soli un caffè. Ho ven'vduto solo un caffè semplice, caldo? Poi ho mangiato un brioche e ho bevuto una spremuta d'arancata. Al dire liro, al latte, e succa d'arancia, non sono e io sono delle reste delle nottina. Ho avuto stomacho*

Dialogo

24

Prima parte. Daniele, Marco, and Alessandra are at a café for a break from work.

Listen carefully to the dialogue.

DANIELE: Oggi pago io! Marco, che cosa prendi?
MARCO: Oh, una spremuta d'arancia, grazie. Ho già preso troppi caffè oggi.
DANIELE: E tu, Alessandra?
ALESSANDRA: Per me il solito espresso senza zucchero. E anche un'acqua naturale. Ho davvero sete dopo quel panino al salame che ho mangiato. E tu, che prendi?
DANIELE: Un cappuccino.
MARCO: Un cappuccino? A quest'ora? Non hai fatto colazione? Ma via, il cappuccino a mezzogiorno non puoi prenderlo!
DANIELE: Va bene, va bene, allora un caffè per me! (*Al cameriere*) Due caffè, uno senza zucchero, una spremuta d'arancia e un'acqua naturale.
IL CAMERIERE: Due caffè, una naturale e una spremuta d'arancia.

25 **Seconda parte.** Listen to the dialogue again. Pay particular attention to what Daniele, Marco, and Alessandra order to drink.

26 **Terza parte.** You will hear five sentences based on the dialogue. You will hear each sentence twice. Circle **vero** if the statement is true and **falso** if it is false.

1. vero (falso)
2. vero (falso)
3. (vero) falso

4. (vero) falso
5. vero (falso)

Sara in Italia

Sara traveled overnight on a Eurocity train and arrived in Naples today. She has come to see the city and Mt. Vesuvius, the volcano which destroyed Pompeii and Ercolano. But before she tours the city and its museums, she wants to eat. She goes to an old pizzeria to try the famous pizza from Naples. There she chats with the pizza chef, signor Vincenzo Fuschino.

Listen carefully, as many times as you need to. Answer the questions you hear. Repeat the response.

Parole utili: acciughe (*anchovies*), capperi (*capers*), aglio (*garlic*), pomodoro (*tomato*), basilico (*basil*)

Napoli

1. ...   2. ...   3. ...   4. ...   5. ...

Sara in rete...

For more information about what Sara experienced during her travels, check out the links found on the *Prego!* website **(www.mhhe.com/prego7).**

CAPITOLO  **6**

Pronto in tavola!

Vocabolario preliminare

A. Per cominciare. Sentirai un dialogo due volte. La prima volta, ascolta attentamente. La seconda volta, il dialogo sarà ripetuto con pause per la ripetizione.

IRENE: Che fame, Fabio! Sono già le sette e mezzo. Cosa facciamo per cena?

FABIO: Non lo so… E poi il frigo è quasi vuoto! Perché non andiamo in una pizzeria a mangiare?

IRENE: Buon'idea! Ho proprio voglia di una pizza…

FABIO: Anch'io… o di un bel piatto di spaghetti! Invitiamo anche Marco e Alessandra?

IRENE: Se non hanno già cenato!

B. Che cosa preferisci? Sentirai un dialogo seguito da cinque domande. Sentirai il dialogo due volte. La prima volta, ascolta attentamente. La seconda volta, la parte di Irene sarà letta con pause per la ripetizione. Poi seleziona la risposta giusta.

Parole utili: scegliere (*to choose*), la fragola (*strawberry*), il cono (*cone*), la coppetta (*dish*), il gusto (*flavor*),

IRENE: Allora, cosa prendiamo?

FABIO: Per me, una pizza Margherita.

IRENE: Sono indecisa: una «Quattro Stagioni» o una «Napoli»?

FABIO: Non vuoi il primo?

IRENE: No, una pizza basta. No, aspetta, forse anche un piatto di lasagne… Allora prendo una «Napoli»… E poi voglio uscire a prendere un gelato!

FABIO: Mmmm, forse sei indecisa anche per quello… di quale hai voglia? Tanto lo so che non sai mai quale scegliere!

IRENE: Ma che dici! Lo voglio al cioccolato e alla fragola. No, aspetta, al limone e alla fragola… E tu, che gusto vuoi?

FABIO: Per me cioccolato e pistacchio. Nel cono. E tu?

IRENE: Io lo preferisco nella coppetta.

FABIO: Finalmente una decisione sicura!

IRENE: Ma anche il cono non è male…

1. a. una Margherita   b. una Napoli

2. a. una Quattro Stagioni   b. una Napoli

3. a. al cioccolato e al pistacchio   b. al pistacchio e alla fragola

4. a. al cioccolato e alla fragola   (b.) al limone e alla fragola

5. a. Fabio   (b.) Irene

C. C'è chi è a dieta e chi a dieta non è... Sentirai un dialogo due volte. La prima volta, ascolta attentamente. La seconda volta, completa il dialogo con le parole adeguate. Controlla le tue risposte con le soluzioni date in fondo al libro.

> 4 bistecca   7 il dolce   2 gli gnocchi   6 un'insalata
>
> 1 un minestrone   3 al pomodoro   5 patate fritte   8 tiramisù

MARISA: Che menu impressionante! Che cosa hai voglia di mangiare?

LUCIA: Per cominciare, _un minestrone_,[1] e tu?

MARISA: Le lasagne al forno o _gli gnocchi_[2] al pesto. Ma no, prendo una cosa semplice, gli spaghetti _al pomodoro_.[3]

LUCIA: E poi?

MARISA: Una bella _bistecca_[4] alla griglia, con _patate fritte_.[5]

LUCIA: Io invece prendo il pesce e _un'insalata_.[6]

MARISA: Anche _il dolce_[7]?

LUCIA: No, non posso, sono a dieta.

MARISA: Davvero? Allora io prendo due porzioni di _tiramisù_[8]... non sono a dieta, e posso mangiare anche la tua parte!

In ascolto

In cucina. Lucia, Marco e Francesco, tre compagni di casa, discutono della cena. Completa il menu della serata e nota chi prepara ogni piatto. Controlla le tue risposte con le soluzioni date in fondo al libro.

	ANTIPASTO	PRIMO	SECONDO	DOLCE
Lucia		Pasta		
Marco	prosciutto			crostata
Francesco			rosto con insalata	

Grammatica

A. Pronomi di oggetto indiretto

A. Per cominciare. Sentirai un brano due volte. La prima volta, ascolta attentamente. La seconda volta, sarà letto con pause per la ripetizione.

Che cameriere sbadato! Ho ordinato un piatto di carne e lui mi ha portato un piatto di pesce. Elisabetta ha chiesto un bicchiere di vino rosso e lui le ha servito un bicchiere di vino bianco. Abbiamo chiesto il conto e lui non ci ha portato la ricevuta. Siamo andati via e... non gli abbiamo dato la mancia!

B. Quando? Di' che farai le seguenti azioni domani. Sostituisci (*Substitute*) con un pronome di oggetto indiretto il nome che nella frase ha uguale (*same*) funzione. Ripeti la risposta.

ESEMPIO: *Leggi:* telefonare **alla zia**
Senti: Quando telefoni alla zia?
Dici: Le telefono domani.

1. insegnare italiano **agli studenti**
2. preparare una buona cena **per il tuo fidanzato**
3. offrire i biscotti **ai bambini**
4. preparare il risotto **per tua cugina**
5. regalare una torta **a tuo padre**
6. comprare il gelato **per tua madre**

B. Accordo del participio passato nel passato prossimo

A. Per cominciare. Sentirai un dialogo due volte. La prima volta, ascolta attentamente. La seconda volta, la parte di Gino sarà letta con pause per la ripetizione.

SARA: Stasera c'è la festa a sorpresa per Massimo. Vediamo se tutto è a posto. Hai apparecchiato la tavola?
GINO: Sì, l'ho apparecchiata.
SARA: Hai incartato i regali per Massimo?
GINO: Sì, li ho incartati.
SARA: Hai preparato gli antipasti?
GINO: Sì, li ho preparati.
SARA: Hai comprato tutto?
GINO: Sì, ho comprato tutto.
SARA: Un'ultima domanda. Hai invitato Massimo?
GINO: Oh, no!

B. Di chi o di che cosa parliamo? Ascolta la frase. Seleziona la risposta appropriata. Poi, componi la frase sostituendo al pronome l'oggetto di cui si parla. (*Then, formulate the sentence using the correct object instead of the pronoun.*) Ripeti la risposta.

> ESEMPIO: *Senti:* **L'**ho mangiat**a.**
>
> *Leggi:* a. la mela   b. il gelato   c. le pizze
>
> *Segni:* (a. la mela)
>
> *Senti:* a
>
> *Dici:* Ho mangiato la mela.

1. (a.) Anna e Nora   b. i film del terrore   c. il Colosseo

2. (a.) Paolo   b. il Vaticano e il Papa   c. le foto

3. a. l'insalata e le patate   (b.) il primo e il secondo   c. la pasta

4. (a.) la doccia   b. l'esame   c. il jogging

5. a. Piera   b. un messaggio   (c.) una lettera

6. a. i film   (b.) le bici   c. le pizze e i gelati

7. (a.) i giornali   b. le riviste   c. la poesia

8. a. le moto   b. le auto   (c.) il libro

C. Piacere

A. Per cominciare. Sentirai un dialogo due volte. La prima volta, ascolta bene. La seconda volta, completa il dialogo con le parole che mancano. Controlla le tue risposte con le soluzioni date in fondo al libro.

ANDREA: Ragazzi, cosa vi _____piace_____[1] sulla _____pizza_____[2]?

STEFANO: Io _____preferisco_____[3] le olive, ma non mi piace il _____prosciutto_____[4].

A Laura le _____[5] le acciughe, ma non le piacciono i _____funghi_____[6]. A tutti e due piace la _____mozzarella_____[7] e _____ci_____[8] piacciono anche i carciofini...

ANDREA: Che confusione!! Ho io la soluzione: una _____bella_____[9] pizza _____margherita_____[10] per tutti!

B. Gli piace? Guarda i disegni e di' se alla gente piacciono o non piacciono i cibi. Ripeti la risposta.

ESEMPIO: *Vedi:*

Senti: A Giulio piacciono le patatine?
Dici: Sì, gli piacciono.

1.

2.

3.

4.

C. Che vi piace? Ascolta che cosa piace fare a queste persone. Trasforma le frasi con i pronomi indiretti e il verbo **piacere** come nell'esempio. Ripeti la risposta giusta.

ESEMPIO: *Senti:* Giulio ama i giornali sportivi.
Dici: Gli piacciono i giornali sportivi.

1. ... 2. ... 3. ... 4. ... 5. ... 6. ...

D. Che gusti difficili! Queste persone ieri sono andate al ristorante ma non gli è piaciuto niente. Leggi i piatti che hanno ordinato, ascolta i nomi delle persone che li hanno ordinati. Forma delle frasi con i pronomi indiretti come nell'esempio. Ripeti la risposta.

ESEMPIO: *Leggi:* la pasta carbonara
Senti: a Giovanna
Dici: Non le è piaciuta la pasta carbonara.

1. il pesce
2. le bruschette
3. il tiramisù
4. la bistecca alla griglia
5. le patate fritte
6. i tortellini alla bolognese

D. Interrogativi

A. Per cominciare. Sentirai un dialogo seguito da tre domande. Sentirai il dialogo due volte. La prima volta, ascolta attentamente. La seconda volta, la parte di Tiziana sarà letta con pause per la ripetizione. Poi seleziona la risposta giusta.

TIZIANA: Dove preferisci mangiare stasera, in casa o al ristorante?
CLAUDIO: Preferisco mangiare in casa.
TIZIANA: Chi cucina?
CLAUDIO: Cucino io.
TIZIANA: Cosa prepari?
CLAUDIO: Gli spaghetti e un'insalata.
TIZIANA: Quando mangiamo?
CLAUDIO: Alle otto.
TIZIANA: Perché non cucini anche un secondo?
CLAUDIO: Ma cara... questo non è un ristorante!

1. a. in casa   b. al ristorante

2. a. Tiziana   b. Claudio

3. a. alle sette   b. alle otto

B. Roberto l'affascinante (*the charming*). Hai tante domande da fare riguardo al (*about the*) nuovo studente, Roberto. Fai (*Ask*) le domande appropriate alle risposte che senti. Ripeti la risposta.

ESEMPIO: *Senti:* Roberto è simpatico.
Dici: Com'è Roberto?

1. ...   2. ...   3. ...   4. ...   5. ...   6. ...

C. Jeopardy culinaria. Fai la domanda giusta per ogni risposta. Usa l'interrogativo dato tra parentesi. Ripeti la risposta.

ESEMPIO: *Senti e leggi:* È un formaggio dolce che è usato con la pizza. (Cos'è... ?)
Dici: Cos'è la mozzarella?

1. È una bevanda alcoolica, che gli italiani bevono molto. (Cos'è... ?)
2. È della città di Parma. (Di dov'è... ?)
3. Li ha portati in Italia Cristoforo Colombo. (Chi... ?)
4. Pasta, uova, pepe, parmigiano, pancetta: questi sono gli ingredienti. (Quali sono... ?)
5. I piatti sono di solito tre: primo, secondo, dolce. (Quanti... ?)
6. Lo mangiamo prima del primo. (Quando... ?)

Pronuncia: The sounds of the letter "z"

The letter **z** represents two sounds: [ć] as in the English word *bats* and [ź] as in the English word *pads*.

A. Z sonora. At the beginning of a word, **z** is usually pronounced as [ź], although this varies from region to region. Listen and repeat.

1. zampa   2. zero   3. zitto
4. zona   5. zucchero

B. Z sonora e z sorda. In the middle of words, **z** can have either the [ź] or the [ć] sound. The [ć] sound occurs frequently following **l** and **n.** Listen and repeat.

1. azalea
2. pranzo
3. zanzara
4. alzare
5. differenza
6. Lazio

C. Parliamo italiano! Listen and repeat.

1. Sai che differenza c'è tra colazione e pranzo?
2. Alla stazione di Venezia vendono pizze senza mozzarella.
3. Conosci molte ragazze con gli occhi azzurri?
4. A mezzogiorno ho lezione di zoologia.
5. C'è un negozio di calzature in Piazza Indipendenza.

Ed ora ascoltiamo!

Che cena! Sentirai un discorso tra Laura e Danilo. Puoi ascoltare il dialogo quante volte vuoi. Poi sentirai cinque frasi due volte. Segna **vero** o **falso.**

1. (vero) falso
2. vero (falso)
3. (vero) falso
4. (vero) falso
5. vero (falso)

Dettato

Sentirai un breve dettato tre volte. La prima volta ascolta attentamente. La seconda volta, il dettato sarà letto con pause tra le frasi. Scrivi quello che senti. La terza volta, correggi quello che hai scritto. Scrivi sulle righe date. Controlla il tuo dettato con le soluzioni date in fondo al libro.

Danilo ha cucinato _la cena per la compleanno Valentina Danilo è l'sperto di cucina della famigl e attualmente conosce anche vini. Per Valentina invece i vini sono tutti. Danilo spiega a Valentina carne. Per la carne bianche_

Dialogo

Prima parte. Irene e Fabio aspettano Marco e Alessandra a cena e, mentre aspettano, preparano l'ultimo piatto, il dolce.

Ascolta attentamente il dialogo.

Parole utile: aggiungere (*to add*), recipiente (*container*), mescolare (*to mix*), strato (*layer*)

IRENE: Allora, Fabio, hai apparecchiato la tavola?

FABIO: Sì, ho già preparato tutto, la tavola è pronta, c'è il primo nel forno, gli antipasti sono in frigorifero e la bistecca è sulla griglia, ma dobbiamo aspettare Marco e Alessandra prima di cominciare a cucinarla…

IRENE: Ma il dolce? Non hai comprato il tiramisù?

FABIO: No, ho pensato di prepararlo qui con te, è un dolce veloce da fare.

IRENE: Allora, di che cosa abbiamo bisogno?

FABIO: Prendi i biscotti savoiardi, lì, sul tavolo di cucina, poi dal frigorifero prendi otto uova, due per persona e anche il mascarpone… cos'altro? Ah, lo zucchero e…

IRENE: Ho visto che c'è del caffè in cucina…

FABIO: Sì, abbiamo bisogno del caffè. Allora, prendiamo i biscotti, li bagniamo nel caffè e li mettiamo, uno accanto all'altro, in un recipiente. Poi mescoliamo le uova, lo zucchero e il mascarpone, così per fare una crema. E mettiamo questa crema sullo strato di biscotti. Bagniamo altri biscotti e…

IRENE: Ho capito, facciamo uno strato di biscotti bagnati con il caffè e poi uno strato di crema, ancora uno strato di biscotti, ancora uno di crema… e così via.

FABIO: Perfetto! Poi, mettiamo il recipiente in frigorifero, per un paio d'ore, così diventa freddo. Non credo di avere dimenticato niente!

Seconda parte. Ascolta di nuovo il dialogo. Fai particolare attenzione agli ingredienti e all'ordine della preparazione della ricetta.

Terza parte. Sentirai due volte sei frasi basate sul dialogo. Segna, per ciascuna frase, **vero** o **falso.**

1. vero   falso
2. vero   falso
3. vero   falso
4. vero   falso
5. vero   falso
6. vero   falso

Sara in Italia

Sara è sul treno locale che da Bologna va a Rimini, una città della costa adriatica, famosa in tutta Europa per le spiagge, il mare e i divertimenti. Sara ha visitato Parma e Bologna con il suo amico Massimiliano, uno studente universitario bolognese, ed è stata al ristorante.

Ascolta attentamente il dialogo. Ascolta il dialogo quante volte vuoi. Poi, rispondi alle domande che senti. Sentirai ogni domanda due volte. Ripeti la risposta.

Parole utili: besciamella (*bechamel*), farina (*flour*), pizzico (*pinch*), noce moscata (*nutmeg*), più pregiato (*finest*)

1. ... 2. ... 3. ... 4. ... 5. ...

Sara in rete...

For more information about what Sara experienced during her travels, check out the links found on the *Prego!* website (**www.mhhe.com/prego7**).

CAPITOLO **7**

La vita di tutti i giorni

Vocabolario preliminare

A. Per cominciare. Sentirai un dialogo due volte. La prima volta, ascolta attentamente. La seconda volta, il dialogo sarà ripetuto con pause per la ripetizione.

LUISA: Che stress, Anna! Non so cosa mettermi per la festa di questa sera...
ANNA: Puoi metterti i pantaloni neri, la camicia bianca e le tue scarpe nuove.
LUISA: Buon'idea! Che dici, mi trucco?
ANNA: Ma no, non hai bisogno di truccarti, sei bella così!

B. Giulia e la bella figura. Giulia vuole fare bella figura quando esce stasera. Sentirai un brano due volte. La prima volta, ascolta attentamente. La seconda volta, completa il brano con le parole che mancano. Controlla le tue risposte con le soluzioni date in fondo al libro.

Giulia stasera esce e vuole farsi bella (*get prettied up*). Dopo una giornata di lavoro e studio, ha

bisogno di _____,[1] allora decide di _____[2] il

bagno e di _____ _____ _____.[3] Dopo

il bagno, _____[4] asciuga, si _____,[5] si guarda allo specchio e _____

_____[6] un po' gli occhi. _____ _____[7] il

rossetto (*lipstick*) e infine le lenti a contatto. È quasi pronta. _____ _____[8]

uno dei suoi vestiti da sera. _____ _____[9] un po' di profumo e alla

fine è pronta veramente per uscire.

C. L'abbigliamento. Identifica ogni capo (*each piece of clothing*) nel disegno (*drawing*). Comincia la frase con **È...** o **Sono...** . Ripeti la risposta.

> ESEMPIO: *Senti:* 1
> *Dici:* È una maglia.

2. ... 3. ... 4. ... 5. ... 6. ... 7. ... 8. ...

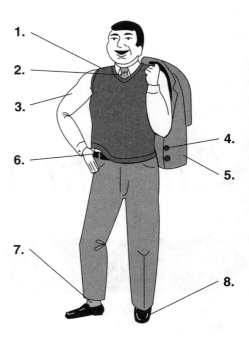

In ascolto

Che mi metto stasera? Luisa è una persona che non è mai soddisfatta. Stasera si lamenta dei suoi vestiti. Ascolta con attenzione la sua conversazione con un'amica e poi rispondi alle domande seguenti. Controlla le tue risposte con le soluzioni date in fondo al libro.

1. Perché Luisa non vuole uscire stasera?
2. Che cosa ha comprato ieri?
3. Che cosa ha comprato due giorni fa?
4. Secondo lei, di che cosa ha bisogno?

Grammatica

A. Verbi riflessivi

A. Per cominciare. Sentirai un dialogo due volte. La prima volta, ascolta attentamente. La seconda volta, il dialogo sarà ripetuto con pause per la ripetizione.

SIGNORA ROSSI: Nino ogni mattina si sveglia tardi e non ha tempo di lavarsi e fare colazione. Si alza presto solo la domenica per andare in palestra a giocare a pallone.

SIGNORA VERDI: Ho capito: a scuola si annoia e in palestra si diverte.

B. Abitudini. Di' che le seguenti persone hanno le stesse abitudini tue (*same habits as yours*). Ripeti la risposta.

> ESEMPIO: *Leggi:* Mi lavo i denti spesso.
> *Senti:* Cinzia
> *Dici:* Anche lei si lava i denti spesso.

1. Mi alzo subito la mattina.
2. Mi sveglio presto.
3. Mi lavo con l'acqua fredda.
4. Mi vesto in fretta.

C. Che giornata! Sentirai un dialogo tra Franca e Gino in cui (*in which*) discutono della loro giornata stressante. Sentirai il dialogo due volte. La prima volta, ascolta attentamente. La seconda volta, prendi appunti (*take notes*) su Franca e Gino. Poi sentirai quattro domande e dovrai scegliere la risposta giusta. Leggi le risposte date prima di ascoltare il dialogo.

FRANCA _____

_____

GINO _____

_____

1. a. Si è solo lavata e vestita.

    b. Si è preparata con cura e poi ha preso l'autobus.

2. a. Gino è rilassato e riposato.

    b. Ha bisogno di caffè per stare bene.

3. a. Ha avuto una discussione con il direttore.

    b. Si è sentito molto, molto stanco.

4. a. Va al parco a rilassarsi.

    b. Sta a casa e dorme molto.

D. E tu, cosa hai fatto stamattina? Racconta come ti sei preparato/preparata stamattina, secondo i suggerimenti (*according to the cues*).

1. Mi sono alzato/alzata alle…
2. Mi sono lavato/lavata con l'acqua… (calda/fredda)
3. Mi sono messo/messa… (i jeans / una camicia / i calzini…)
4. (Non) Mi sono fatto la barba… / (Non) Mi sono truccata…
5. (Non) Mi sono fermato/fermata al bar a fare colazione.

B. Costruzione reciproca

A. Per cominciare. Sentirai un brano due volte. La prima volta, ascolta attentamente. La seconda volta, completa il brano con le parole che mancano. Controlla le tue risposte con le soluzioni date in fondo al libro.

Giulio e Anna _____ _____[1] molto

bene—sono amici di infanzia. _____ _____[2]

tutti i giorni a scuola e tutte le sere _____

_____[3] al telefono. Discutono sempre dei loro

problemi perché _____ _____[4] benissimo.

Secondo te, hanno intenzione di sposarsi un giorno?

B. Davide e Serena. Davide e Serena sono proprio una bella coppia. Guarda i disegni e di' cosa fanno, secondo i suggerimenti. Ripeti la risposta.

ESEMPIO: *Vedi:*

     Senti: guardarsi
     Dici: Davide e Serena si guardano.

1.

2.

3.

4.

5.

C. La storia di Alessia e Riccardo.

Prima parte. Il computer ha fatto confusione con la storia di Alessia e Riccardo. Ferma la registrazione e forma delle frasi logiche con i verbi al passato prossimo. Quando hai finito di formare le frasi, continua la registrazione.

   a. poi / vedersi / nel tempo libero

     _____

   b. Alessia andare a fare un viaggio e / scriversi lunghe lettere d'amore / ogni giorno

     _____

   c. abbracciarsi e baciarsi / all'aeroporto / quando Alessia / tornare

     _____

   d.   il giorno dopo / telefonarsi / e parlarsi / per ore

      _____

   e.   fidanzarsi subito / e sposarsi / dopo due settimane. / E non lasciarsi mai.

      _____

   f.   Alessia e Riccardo conoscersi / a una festa

      _____

Seconda parte. Ascolta le frasi formate e abbina ogni frase della prima parte con la figura corrispondente.

1.

      _____

2.

      _____

3.

      _____

4.

      _____

5.

      _____

6.

      _____

Terza parte. La storia sarà ripetuta con le pause per la ripetizione.

D. Storie d'incontri. Marina ti fa molte domande. Ascolta le sue domande con attenzione, poi scrivi le tue risposte. Ripeti le tue risposte.

   1. _____

   2. _____

   3. _____

   4. _____

   5. _____

C. Avverbi

A. Per cominciare. Sentirai un brano seguito da tre domande. Sentirai il brano due volte. La prima volta, ascolta attentamente. La seconda volta, il brano sarà ripetuto con pause per la ripetizione. Scegli poi le risposte giuste alle domande che senti.

> **Parole utili:** in fretta (*in a hurry*)

> Carla è una persona molto particolare. Si sveglia presto ogni mattina; mangia poco ma bene a colazione; si veste in fretta ma elegantemente; guida velocemente per andare in ufficio... ma arriva sempre tardi!

1. a. presto   b. tardi

2. a. in fretta   b. lentamente

3. a. puntuale   b. in ritardo

B. Veramente. Cambia i seguenti aggettivi in avverbi. Ripeti la risposta.

> ESEMPIO: *Senti:* vero
> *Dici:* veramente

1. ...   2. ...   3. ...   4. ...   5. ...   6. ...

C. Gli italiani. Tutti i tuoi amici vogliono sapere come sono gli italiani. Rispondi alle loro domande, secondo i suggerimenti. Ripeti la risposta.

> ESEMPIO: *Senti:* Come parlano gli italiani?
> *Leggi:* veloce
> *Dici:* Parlano velocemente.

1. elegante   2. rapido   3. abbondante   4. facile   5. gentile

D. Numeri superiori a 100

A. Per cominciare. Sentirai un dialogo due volte. La prima volta, ascolta attentamente. La seconda volta, il dialogo sarà ripetuto con pause per la ripetizione.

MONICA: Mi sono diplomata nel 1998, mi sono laureata nel 2002, mi sono sposata nel 2003, ho avuto una figlia nel 2004 e un'altra figlia nel 2005, ho accettato un posto all'università nel 2006...

SILVIA: Quando pensi di fermarti?

B. Quanto fa? Fai le addizioni dei seguenti numeri. Sentirai ogni addizione due volte. Ascolta attentamente, poi scrivi la somma dei due numeri che senti. Controlla le tue risposte con le soluzioni date in fondo al libro.

> ESEMPIO: *Senti:* cento più (+) cento fa (=)...
> *Scrivi i numeri e fai l'addizione:* 100 + 100 = 200
> *Scrivi:* *duecento*

1. _____

2. _____

3. _____

4. _____

5. _____

6. _____

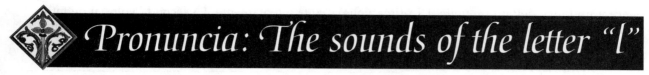

Pronuncia: The sounds of the letter "l"

In Italian, the letter **l** has a sound similar to that in the English word *love*. It is a clear sound, articulated at the front of the mouth, never at the back of the mouth, as in the English words *alter* and *will*.

A. L. Practice the **l** sound. Listen and repeat.

1. lavarsi
2. leggere
3. lira
4. loro
5. lunedì
6. salutare

B. L doppia. Compare and contrast the single and double sound of **l**. Note the slight change in vowel sound when the consonant following is doubled. Listen and repeat.

1. belo / bello
2. fola / folla
3. pala / palla
4. cela / cella

C. L e gl. As you learned in **Capitolo 3,** the sound of **gl** is different from the sound of **l**. Compare and contrast the sounds in the following pairs of words. Listen and repeat.

1. belli / begli
2. olio / aglio
3. male / maglia
4. filo / figlio

D. Parliamo italiano! Listen and repeat.

1. Come balla bene la moglie di Guglielmo! Glielo voglio dire.
2. Fa caldo a Milano in luglio?
3. Ecco il portafoglio di mio figlio.
4. Quella ragazza è alta e snella.
5. Vogliono il tè con il latte o con il limone?

Ed ora ascoltiamo!

Storiella d'amore. Sentirai un dialogo tra Romeo e Giulietta. Puoi ascoltare il dialogo quante volte vuoi. Poi sentirai cinque frasi da completare. Scegli il completamento giusto per ciascuna frase.

1. a. al bar.
   b. ad una festa.

2. a. quando si sono guardati.
   b. quando si sono salutati.

3. a. per caso (*by chance*) a Verona.
   b. per caso ad una festa.

4. a. a Verona.
   b. al Caffè Sportivo.

5. a. «Ti amo.»
   b. «Sì, certo.»

Dettato

Sentirai un breve dettato tre volte. La prima volta ascolta attentamente. La seconda volta, il dettato sarà letto con pause tra le frasi. Scrivi quello che senti. La terza volta, correggi quello che hai scritto. Scrivi sulle righe date. Controlla il tuo dettato con le soluzioni date in fondo al libro.

Marilena, Franca, Elena e Silvia _____

_____

_____

_____

_____

_____

_____

_____

_____

_____

Dialogo

Prima parte. Gerry Milligan, uno studente di italiano in Italia, si lamenta sempre dei suoi vestiti. Adesso è a Genova, a casa di Luca e Natasha.

Ascolta attentamente il dialogo.

GERRY: Natasha, non credo di poter uscire stasera! Non ho proprio niente da mettermi!
NATASHA: Ma non hai comprato un paio di pantaloni e una camicia nuova ieri?
LUCA: Guarda, Gerry, andiamo solo al ristorante, stai benissimo, va bene così!
NATASHA: Luca, guarda che capisco benissimo questi attacchi d'ansia di Gerry. Quando sono venuta in Italia la prima volta, tutti hanno fatto dei commenti sui vestiti che mi sono messa...
GERRY: Vedi, Luca, che ho ragione? È una ragione culturale, questa. Tutti gli italiani che vedo hanno sempre vestiti che vanno bene insieme. Certo che ho comprato dei vestiti nuovi ieri ma non ho le scarpe o la cintura adatte...
LUCA: Mamma mia, ma prova a metterti un paio di scarpe e andiamo, ho fame! E poi guarda me: la moda non mi interessa proprio.
NATASHA: Infatti, si vede! Luca, ma ti sei guardato allo specchio stamattina? Non ti sei fatto la barba, non ti sei pettinato...
LUCA: Ma è domenica, non voglio preoccuparmi della moda, mi voglio solo rilassare!

Seconda parte. Ascolta di nuovo il dialogo. Fai particolare attenzione alle preoccupazioni di Gerry e alle obiezioni di Luca.

Terza parte. Sentirai due volte sei frasi basate sul dialogo. Segna, per ciascuna frase, **vero** o **falso.**

1. vero   falso

2. vero   falso

3. vero   falso

4. vero   falso

5. vero   falso

6. vero   falso

Sara in Italia

Dalla costa adriatica, Sara è scesa a Tropea, una città della Calabria, sul mare Tirreno, per una breve vacanza. In spiaggia, parla con una signora italiana delle cose da vedere in Basilicata e in Calabria.

Ascolta attentamente il dialogo. Ascolta il dialogo quante volte vuoi. Poi, rispondi alle domande che senti. Sentirai ogni domanda due volte. Ripeti la risposta.

Parole utili: rocce (*rocks*), rovine (*ruins*), guerrieri (*warriors*)

Tropea

1. ...   2. ...   3. ...   4. ...   5. ...

Sara in rete...

For more information about what Sara experienced during her travels, check out the links found on the *Prego!* website **(www.mhhe.com/prego7).**

CAPITOLO **8**

Cinema, stampa e TV

Vocabolario preliminare

A. Per cominciare. Sentirai un dialogo seguito da quattro domande. Sentirai il dialogo due volte. La prima volta, ascolta attentamente. La seconda volta, il dialogo sarà ripetuto con pause per la ripetizione. Scegli poi le risposte giuste alle domande che senti.

ROSSANA: Che programmi ci sono stasera in televisione?
FABRIZIO: C'è una partita di calcio su Rai Uno, ci sono due bei film su Rai Tre e Canale Cinque.
ROSSANA: Perché non andiamo al cinema, invece? Ho letto una recensione molto positiva sull'ultimo film di Woody Allen...

1. a. C'è una partita di calcio.
    b. C'è una partita di basketball.
2. a. Ci sono due film interessanti.
    b. C'è una partita di calcio.
3. a. Propone di vedere la partita.
    b. Propone di andare al cinema.

B. La stampa. Sentirai sei definizioni di parole che hanno a che fare con (*that have to do with*) la stampa. Sentirai le definizioni due volte. Scegli la parola corrispondente a ciascuna definizione e scrivi la parola sulla riga data. Controlla le tue risposte con le soluzioni date in fondo al libro.

1. _____

2. _____

3. _____

4. _____

5. _____

l'intervista
    il quotidiano
il mensile
    la recensione
la pubblicità
    il settimanale

In ascolto

Recensioni e interviste... Sandra e Claudia discutono delle recensioni e interviste a Roberto Benigni, un famoso attore comico e regista italiano. Ascolta con attenzione la loro conversazione e rispondi alle domande seguenti. Controlla le tue risposte con le soluzioni date in fondo al libro.

1. Cosa c'è sul giornale di oggi?
2. Cosa ha letto Claudia su un settimanale?
3. Su che cosa sono le domande dell'intervista che Sandra ha letto sul giornale di oggi?
4. Cosa ha intenzione di fare Sandra stasera?

Grammatica

A. Imperfetto

A. Per cominciare. Sentirai un dialogo due volte. La prima volta, ascolta attentamente. La seconda volta, il dialogo sarà ripetuto con pause per la ripetizione.

CARLETTO: Mamma, papà, cosa vi piaceva fare quando eravate piccoli?

PAPÀ: Io leggevo i libri d'avventura e guardavo i telefilm di cow-boy alla TV.

MAMMA: Io, invece, preferivo leggere le favole e guardavo i film d'amore!

B. Come eravamo... Guardi le vecchie foto di famiglia. Di' come erano i membri della famiglia, secondo i suggerimenti. Ripeti la risposta.

ESEMPIO: *Senti:* la nonna
Leggi: essere una bella ragazza
Dici: La nonna era una bella ragazza.

1. avere la barba nera
2. essere grasso
3. mettere vestiti buffi
4. andare in bicicletta
5. essere un atleta
6. portare gli occhiali
7. avere tanti capelli

C. Davide e Serena. Davide e Serena erano una bella coppia ma... non più. Metti le frasi di Davide all'imperfetto. Ripeti la risposta.

ESEMPIO: *Senti:* Io le porto sempre i fiori.
Dici: Io le portavo sempre i fiori.

1. ... 2. ... 3. ... 4. ... 5. ...

D. Sempre, spesso o mai? Con quale frequenza facevi le seguenti azioni da bambino o bambina? Sentirai, per due volte, otto domande. Prendi appunti sulle domande e segna nello schema con quale frequenza facevi le seguenti azioni da bambino o bambina. Poi scrivi tre frasi su cosa facevi, sempre, spesso o mai, sulle righe date.

		SEMPRE	SPESSO	MAI
1.	_____	☐	☐	☐
2.	_____	☐	☐	☐
3.	_____	☐	☐	☐
4.	_____	☐	☐	☐
5.	_____	☐	☐	☐
6.	_____	☐	☐	☐
7.	_____	☐	☐	☐
8.	_____	☐	☐	☐

Sempre: _____

Spesso: _____

Mai: _____

B. Imperfetto e passato prossimo

A. Per cominciare. Sentirai un brano due volte. La prima volta, ascolta attentamente. La seconda volta il brano sarà ripetuto con le pause per la ripetizione.

Ieri sera pioveva, così io e Marco siamo rimasti in casa. Mentre io guardavo un bel film alla TV, Marco ascoltava la radio. Ci rilassavamo... . All'improvviso è andata via la luce! Io non ho visto la fine del film e Marco non ha ascoltato la sua canzone preferita. Che rabbia!

B. Cosa indica? Quando usiamo il passato prossimo e quando usiamo l'imperfetto? Sentirai alcune frasi. Abbina le frasi con le descrizioni nella colonna in basso (*below*). Prima di iniziare leggi le descrizioni nella colonna in basso. Puoi ascoltare le frasi quante volte vuoi. Controlla le tue risposte con le soluzioni date in fondo al libro.

1. _____   a. telling time
2. _____   b. talking about weather
3. _____   c. ongoing events in the past
4. _____   d. completed actions in the past
5. _____   e. habitual past actions
6. _____   f. interrupted actions
7. _____   g. description of physical and mental states
8. _____
9. _____
10. _____

C. Quando? Azioni abituali e azioni puntuali. Sentirai delle frasi. Ascolta le frasi con attenzione, poi decidi una conclusione logica. Fai attenzione ai tempi usati. Controlla le tue risposte con le soluzioni date in fondo al libro.

1. a. sempre   b. la scorsa settimana

2. a. ogni fine settimana   b. ieri

3. a. domenica   b. la domenica

4. a. all'improvviso   b. tutti i giorni

5. a. ieri   b. di solito

6. a. di solito   b. ieri pomeriggio

7. a. Ogni inverno   b. Lo scorso inverno

8. a. tutti i giorni   b. una volta

D. Ancora azioni abituali, azioni puntuali. Leggi le espressioni di tempo in basso. Sentirai alcune frasi con l'imperfetto o il passato prossimo. Riforma ogni frase con la nuova espressione di tempo come nell'esempio. Attenzione alla forma corretta del verbo, o all'imperfetto o al passato prossimo. Ripeti la risposta.

> ESEMPIO: *Senti:* Una volta mi piaceva mangiare la bistecca al ristorante.
> *Leggi:* lo scorso sabato
> *Dici:* Lo scorso sabato mi è piaciuto mangiare la bistecca al ristorante.

1. spesso	3. ieri	5. un mese fa	7. la domenica
2. di solito	4. ogni estate	6. in inverno	8. domenica

E. Anche noi! Giancarlo ti racconta cosa ha fatto ieri. Di' che sono tutte cose che tu e i tuoi fratelli facevate da piccoli. Ripeti la risposta.

> ESEMPIO: *Senti:* Ieri ho mangiato molta pizza.
> *Leggi:* anche mia sorella
> *Dici:* Anche mia sorella da piccola mangiava molta pizza.

1. anche mio fratello   3. anche i miei fratelli   5. anch'io
2. anche le mie sorelle   4. anche noi

F. Che conclusioni? Leggi le seguenti frasi incomplete. Abbina le parti delle frasi secondo le frasi complete che senti. Controlla le tue risposte con le soluzioni date in fondo al libro.

1. _____ mi sono addormentata.   a. Mentre ero in bagno...

2. _____ Marco e Nicola lavavano i piatti.   b. Mentre facevo i compiti...

3. _____ tu hai usato il computer e hai scritto e-mail agli amici.   c. Mentre Sonia e Paola pulivano la cucina...

4. _____ il telefono ha suonato.   d. Mentre eri a fare gli esercizi...

5. _____ mi sono subito sentito male.   e. Quando sei partita...

G. Che tempo! Completa la storia con la forma adeguata del verbo che senti, o all'imperfetto o al passato prossimo. Poi, ascolta il brano e controlla le tue risposte.

> ESEMPIO: *Leggi:* Ieri come tutte le mattine la sveglia _____ alle sette.
> *Senti:* suonare
> *Scrivi:* Ieri come tutte le mattine la sveglia _____*ha suonato*_____ alle sette.

Ieri come tutte le mattine la sveglia _____[1] alle sette.

(Io) _____[2] subito. _____[3] in bagno a fare la doccia.

_____ⁿ una bella giornata. (Io) _____⁵ dalla finestra

del bagno un bel sole. _____⁶ felice. _____⁷ in

camera. _____⁸ con allegria. _____⁹ di casa.

_____¹⁰ l'autobus. Ma l'autobus _____¹¹ in ritardo.

Poi _____¹² a piovere. (Io) Non _____¹³ l'ombrello.

Allora _____¹⁴ un taxi. Il taxi _____¹⁵ subito. Ma (io)

non _____¹⁶ i soldi per il taxi! Allora _____¹⁷ a aspet-

tare l'autobus nella pioggia. Come risultato, _____¹⁸ un raffreddore (*cold*).

E _____¹⁹ male per il resto della giornata.

C. Trapassato

A. Per cominciare. Sentirai un brano due volte. La prima volta, ascolta attentamente. La seconda volta, completa il brano con le parole che mancano. Controlla le tue risposte con le soluzioni date in fondo al libro.

Gino aveva capito che l'appuntamento con Susanna

_____¹ alle 8.00, ma Susanna

_____ _____² che era

alle 7.00. Alle 7.30 Susanna _____³ stanca di

aspettare Gino ed era molto arrabbiata. Così

_____ _____⁴ al cinema

con la sua compagna di stanza. Gino _____

_____⁵ alle 8.00 in punto, ma quando è arrivato

Susanna _____ già _____.⁶ Povero Gino!

B. Ma perché? Mariella vuole sapere perché sono successe certe cose. Rispondi alle sue domande, secondo i suggerimenti. Ripeti la risposta.

> ESEMPIO: *Senti:* Perché eri di umore nero (*in a bad mood*)?
> *Leggi:* lavorare troppo
> *Dici:* Ero di umore nero perché avevo lavorato troppo.

1. studiare tutta la notte
2. alzarsi presto
3. aspettare due ore

4. mangiare solo un panino
5. dimenticare l'orologio

C. La fiaba confusa (*Mixed-up fairy tale*). Sentirai raccontare una fiaba piuttosto particolare. Sentirai le due parti della fiaba due volte. La prima volta, ascolta attentamente. La seconda volta, completa la prima metà con il verbo all'imperfetto e la seconda metà con il verbo al trapassato. Controlla le tue risposte con le soluzioni date in fondo al libro. Poi, inventa un finale alla fiaba. Ferma la registrazione per scrivere il finale sulle righe date.

Parole utili: Cappuccetto Rosso (*Little Red Riding Hood*), Cenerentola (*Cinderella*), Biancaneve (*Snow White*), la Bella Addormentata (*Sleeping Beauty*)

La prima metà.

C'_____[1] una volta una bella bambina che _____[2] sola

nel bosco. _____ _____[3] Cappuccetto Rosso, perché

_____[4] un vestito con un cappuccio (*hood*) che _____[5]

rosso come un pomodoro. Cappuccetto un giorno _____[6] andare a fare visita

alla nonna, così esce di casa e mentre _____[7] nel bosco incontra Cenerentola.

La seconda metà.

Insieme vanno dalla nonna e, quando arrivano, vedono uscire la Bella Addormentata, che

_____ _____ appena (*just*)

_____[8] dal suo sonno e che cercava il suo Principe. La Bella Addormentata

_____ _____[9] invece la casa della nonna. La nonna

le _____ _____[10] che il Principe

_____ _____[11] a cercare Biancaneve, perché

Biancaneve _____ _____[12] una scarpa nella foresta e il

Principe _____ _____[13] a incontrarla. Lui aveva la

scarpa che la nonna _____ _____.[14]

Ora ferma la registrazione e scrivi un finale possibile.

_____

_____

_____

_____

_____

_____

D. Suffissi

A. Per cominciare. Sentirai un dialogo due volte. La prima volta, ascolta attentamente. La seconda volta, il dialogo sarà ripetuto con pause per la ripetizione.

VALERIA: Com'è il padre di Margherita?
ANNA: È un omone grande e grosso con due grandi baffoni e un vocione terribile.
VALERIA: E sua madre?
ANNA: Ah, sua madre è tutto il contrario: una donna piccolina con una vocina sottile sottile.
VALERIA: E il suo fratellino?
ANNA: Beh! Quello è un vero ragazzaccio!

B. Una letterona! Guarda i disegni e seleziona quello indicato nella frase che senti.

ESEMPIO: *Vedi:*   a.    b.

    Senti: Ho ricevuto una letterona!

    Scegli: a.   (b.)

1.   a.      b.    2.   a.   b.

3.   a.      b.    4.   a.      b.

      5.   a.   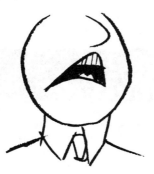   b.

Pronuncia: The sounds of the letters "m" and "n"

A. *M e m* **doppia.** The letter **m** is pronounced as in the English word *mime*. Listen and repeat.

1. marito
2. mese
3. minuti
4. moto
5. musica

Now contrast the single and double sound of **m.** Listen and repeat.

1. m'ama / mamma
2. some / somme
3. fumo / fummo

B. *N e n* **doppia.** The letter **n** is pronounced as in the English word *nine*. Listen and repeat.

1. naso
2. neve
3. nipoti
4. noioso
5. numeroso

Now contrast the single and double sound of **n.** Listen and repeat.

1. la luna / l'alunna
2. noni / nonni
3. sano / sanno

C. *Gn.* As you learned in **Capitolo 3,** the combination **gn** has its own distinct sound. Compare and contrast the [n] and the [ny] sounds in the following pairs of words. Listen and repeat.

1. campana / campagna
2. anello / agnello
3. sono / sogno

D. Parliamo italiano! Listen and repeat.

1. Guglielmo Agnelli è un ingegnere di Foligno.
2. Il bambino è nato in giugno.
3. Dammi un anello, non un agnello!
4. Buon Natale, nonna Virginia!
5. Anna è la moglie di mio figlio Antonio.

Ed ora ascoltiamo!

Angela, una giovane donna italiana, è intervistata da un giornalista. Sentirai il loro dialogo. Puoi ascoltare il dialogo quante volte vuoi. Poi sentirai, due volte, cinque frasi e dovrai segnare, per ciascuna frase, **vero** o **falso.**

1. vero   falso

2. vero   falso

3. vero   falso

4. vero   falso

5. vero   falso

Dettato

Sentirai un breve dettato. La prima volta, ascolta attentamente. La seconda volta, il dettato sarà letto con pause tra le frasi. Scrivi quello che senti. La terza volta, correggi quello che hai scritto. Scrivi sulle righe date. Controlla il tuo dettato con le soluzioni date in fondo al libro.

Maurizio e Rinaldo _____

_____

_____

_____

_____

_____

Dialogo

Prima parte. Paola e Davide parlano di una retrospettiva dei film di Fellini che Paola ha visto recentemente a Roma.

Ascolta attentamente il dialogo.

PAOLA: È stato bello rivedere i film di Fellini nello spazio di pochi giorni; non li ho rivisti tutti ma quelli che mi sono sempre piaciuti di più…

DAVIDE: Qual è il tuo film preferito, allora? Io non li conosco bene, non li ho mai visti al cinema!

PAOLA: Davvero, Davide? Mai? Io ho cominciato a vederli quando ero bambina, erano i film che piacevano di più a mio padre… E poi, anche i miei sono di Rimini, la città di Fellini.

DAVIDE: Ma dimmi, allora, quale film mi consigli?

PAOLA: A me piace molto *Amarcord*. Il titolo, nel dialetto della Romagna, significa «Mi ricordo». È un film autobiografico, girato appunto a Rimini con un protagonista che era come il regista quando era bambino, durante gli anni del fascismo. È un film divertente, comico e nostalgico al tempo stesso.

DAVIDE: Ma di che parla?

PAOLA: È un po' difficile dirlo. Parla di una famiglia italiana, quella del bambino, e tutto il film è visto con gli occhi del bambino che cresce, osserva e interpreta la realtà di una città con il fascismo, con i contrasti con i genitori, i nonni, i primi amori e le ossessioni per le donne. Un tema comune di Fellini è l'amore per le donne, infatti, come vediamo anche in *8 1/2*!

DAVIDE: Sembra interessante.

PAOLA: Lo è! Puoi prenderlo a noleggio in videocassetta o vederlo anche in DVD, credo.

Seconda parte. Ascolta di nuovo il dialogo. Fai particolare attenzione alle caratteristiche del film di Fellini.

Terza parte. Sentirai due volte sei frasi basate sul dialogo. Segna, per ciascuna frase, **vero** o **falso.**

1. vero   falso

2. vero   falso

3. vero   falso

4. vero   falso

5. vero   falso

6. vero   falso

 # *Sara in Italia*

Sara aveva comprato dei biglietti per uno spettacolo all'Arena di Verona e adesso è in Veneto, a far visita ai suoi cugini. Dopo un giro a Venezia e a Padova, adesso è tornata a Verona, la città dei suoi parenti. Per strada incontra Massimo, un amico che ha conosciuto attraverso sua cugina Antonella.

Ascolta attentamente il dialogo. Ascolta il dialogo quante volte vuoi. Poi, rispondi alle domande che senti. Sentirai ogni domanda due volte. Ripeti la risposta.

Parole utili: indovinelli (*riddles*)

1. …   2. …   3. …   4. …   5. …

Sara in rete…

For more information about what Sara experienced during her travels, check out the links found on the *Prego!* website (**www.mhhe.com/prego7**).

CAPITOLO **9**

Sentirsi bene

 ## *Vocabolario preliminare*

A. Per cominciare. Sentirai un dialogo seguito da tre frasi. Sentirai il dialogo due volte. La prima volta, ascolta attentamente. La seconda volta, il dialogo sarà ripetuto con pause per la ripetizione. Poi ascolta le frasi e scegli, per ciascuna frase, **vero** o **falso.**

ROBERTA: Ciao, Antonella, come ti senti?
ANTONELLA: Oggi abbastanza bene, ma devo rimanere in ospedale per dieci giorni.
ROBERTA: Anch'io l'anno scorso mi sono rotta una gamba, sono rimasta a letto per un mese!
ANTONELLA: Il dottore mi ha detto che non posso scrivere per due settimane...
ROBERTA: Una bella scusa per non fare i compiti!

1. vero   falso

2. vero   falso

3. vero   falso

B. Indovinelli. Sentirai quattro indovinelli. Indovina la parte del corpo per ogni frase. Scrivi nella scatola il numero corrispondente alla parola.

Parole utili: l'ossigeno (*oxygen*)

1. ...   2. ...   3. ...   4. ...

il cuore

i denti

il naso   la testa

C. Identificazioni. Identifica ogni parte del corpo nel disegno. Scegli le parole fra quelle suggerite. Comincia la frase con **È...** o **Sono...** Ripeti la risposta.

ESEMPIO: *Senti:* 1
Dici: Sono le dita.

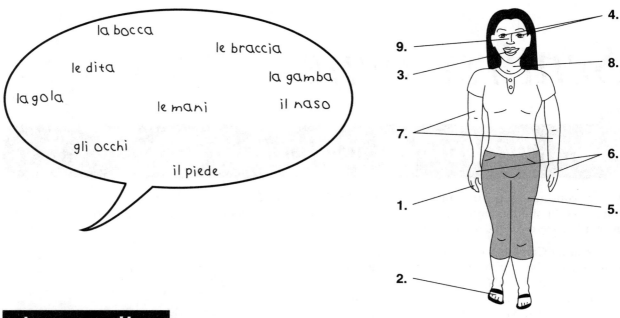

In ascolto

Un'escursione. Alessandra e Alberto fanno un programma per il week-end. Ascolta con attenzione la loro conversazione e decidi se le seguenti affermazioni sono vere o false. Poi, correggi le affermazioni false. Controlla le tue risposte con le soluzioni date in fondo al libro.

1. Alessandra ha bisogno di rilassarsi.   vero   falso

_____

2. Alessandra e Alberto vogliono andare in montagna fra due settimane.   vero   falso

_____

3. Alessandra conosce dei posti bellissimi sulle Dolomiti.   vero   falso

_____

4. Paolo preferisce il mare perché non gli piace camminare.   vero   falso

_____

5. Alberto vuole convincere Paolo ad andare in montagna.   vero   falso

_____

Grammatica

A. Pronomi tonici

A. Per cominciare. Sentirai un dialogo due volte. La prima volta, ascolta attentamente. La seconda volta, il dialogo sarà ripetuto con pause per la ripetizione.

LUIGI: Nonna, hanno telefonato dall'ospedale: domani c'è la visita per te dal dottor Bianchi.

NONNA: Sei sicuro che è per me e non per tuo nonno?

LUIGI: Beh, è per tutti e due; prima visitano te e poi lui!

B. Per chi? Sentirai chiedere per chi prepari ogni specialità. Rispondi con i pronomi tonici appropriati. Ripeti la risposta.

> ESEMPIO: *Senti:* Questo è per la mamma?
> *Dici:* Sì, è per lei.

1. ...   2. ...   3. ...   4. ...   5. ...   6. ...

C. Curiosità. Luca ti fa tante domande oggi. Rispondi alle sue domande con i pronomi tonici appropriati. Ripeti la risposta.

> ESEMPIO: *Senti:* Esci con Mario?
> *Dici:* Sì, esco con lui.

1. ...   2. ...   3. ...   4. ...   5. ...

B. Comparativi

A. Per cominciare. Sentirai un brano. Sentirai il brano due volte. La prima volta, ascolta attentamente. La seconda volta, il brano sarà ripetuto con pause per la ripetizione.

Non sono mai stata così male come in questo periodo... Ho una brutta influenza, molto più grave di un comune raffreddore, e un mal di testa tanto fastidioso quanto doloroso. Che disastro! Forse ho bisogno di un dottore.

B. Comparazioni. Usa le informazioni che vedi ed i nomi che senti per fare confronti (*make comparisons*). Ripeti la risposta.

> ESEMPIO: *Senti:* l'America, l'Italia
> *Leggi:* grande (+)
> *Dici:* L'America è più grande dell'Italia.

1. vecchio (−)
2. alto (+)
3. grasso (−)
4. popolare (−)
5. costoso (+)
6. violenti (+)

C. Chi? Guarda il disegno e rispondi alle domande. Sentirai ogni domanda due volte. Ripeti la risposta.

> ESEMPIO: *Senti:* Chi è meno alto di Giorgio?
> *Dici:* Rosa è meno alta di Giorgio.

1. ... 2. ... 3. ... 4. ... 5. ...

GIORGIO   NINO   PIA   ROSA

C. Superlativi relativi

A. Per cominciare. Sentirai un dialogo due volte. La prima volta, ascolta attentamente. La seconda volta, il dialogo sarà ripetuto con pause per la ripetizione.

MAMMA: Pierino, sai qual è la città più dolce d'Italia?
PIERINO: Veramente sono due: Crema e anche Cremona.
MAMMA: E qual è la città più rumorosa?
PIERINO: Napoli, credo.
MAMMA: Ma no! Chiasso! E ora sentiamo se indovini questa: qual è la città più lunga d'Italia?
PIERINO: Ventimiglia, alla frontiera con la Francia.

B. Claudio lo straordinario! Claudio è un giovane eccezionale. Di' quanto è bravo a confronto con la sua famiglia. Ripeti la risposta.

> ESEMPIO: *Senti:* simpatico
> *Dici:* È il ragazzo più simpatico della famiglia.

1. ... 2. ... 3. ... 4. ... 5. ...

C. Ma come siamo esagerati! Noi siamo molto esagerati: ripetiamo sempre le cose che dicono le altre persone, ma parliamo con il superlativo assoluto. Ripeti la risposta.

> ESEMPIO: *Senti:* Caterina è bella.
> *Dici:* Non è bella è bellissima!

1. ... 2. ... 3. ... 4. ... 5. ... 6. ...

D. Famiglie a confronto. Silvia ti fa molte domande. Ascolta con attenzione le sue domande e rispondi. Poi, ascolta le risposte di Silvia e ripeti le sue risposte.

1. ... 2. ... 3. ... 4. ... 5. ... 6. ...

D. Comparativi e superlativi irregolari

A. Per cominciare. Sentirai un dialogo due volte. La prima volta, ascolta attentamente. La seconda volta, il dialogo sarà ripetuto con pause per la ripetizione.

MAMMA: Ti senti meglio oggi, Carletto?
CARLETTO: No, mamma, mi sento peggio.
MAMMA: Poverino! Ora ti do una medicina che ti farà bene.
CARLETTO: È buona?
MAMMA: È buonissima, migliore dello zucchero!
                    ...
CARLETTO: Mamma, hai detto una bugia! È peggiore del veleno!

B. La medicina di Pinocchio... Pinocchio è malato o forse no. Sentirai il dialogo tra Pinocchio e la fata (*fairy*) due volte. La prima volta, ascolta attentamente. La seconda volta, completa il dialogo con le parole che mancano. Controlla le tue risposte con le soluzioni date in fondo al libro.

Parole utili: crescere (*to grow*), pericoloso (*perilous*), allungarsi (*to get longer*)

FATA: Allora, Pinocchio, non ti senti _____[1] oggi? Sei pronto per tornare a scuola?

PINOCCHIO: No, fatina, sto ancora male. Anzi, sto _____.[2] Questa è la

_____[3] influenza che ho mai avuto...

FATA: Mamma mia, forse è vero, anche il naso ti cresce. Dev'essere un'influenza molto pericolosa... Poverino! Adesso, però ti do una medicina che ti può fare bene...

PINOCCHIO: E com'è questa medicina? È buona?

FATA: È _____[4] dello zucchero!

PINOCCHIO: Oh, fata mia, hai detto una bugia! È _____[5] del veleno!

FATA: Vedi il vantaggio di essere umani! Se dico una bugia il mio naso non si allunga!

C. Secondo me... Sentirai un'opinione e dovrai esprimere l'opinione opposta. Ripeti la risposta.

ESEMPIO: *Senti:* Hanno pattinato meglio di tutti!
Dici: No, hanno pattinato peggio di tutti!

1. ... 2. ... 3. ... 4. ... 5. ...

Pronuncia: The sounds of the letter "r"

There is no parallel in English for the Italian **r** sound. The tongue is held very loosely against the alveolar ridge (right behind the upper teeth) so that the flow of air makes it vibrate.

With practice, most people can learn to roll their **r**'s. If at first you don't succeed . . . Keep trying!

A. R. Practice the single **r** sound. Listen and repeat.

1. raccontare
2. regalare
3. riportare
4. romantico
5. russo
6. proprio

B. *Tr* e *r* finale. Pay particular attention to the combination **tr** and to the sound of **r** in final position. Listen and repeat.

1. treno
2. strada
3. centro
4. bar
5. per

C. *R* doppia. Contrast the single and double sound of **r.** Make a special effort to lengthen the sound of double **r,** and don't worry if your pronunciation seems exaggerated at first. Listen and repeat.

1. caro / carro
2. sera / serra
3. cori / corri
4. spore / porre

D. Parliamo italiano! Listen and repeat.

1. La loro sorella preferisce vestirsi di marrone.
2. Trentatré Trentini entrarono a Trento tutti e trentatré trotterellando su trentatré trattori trainati da treni.
3. Verrà stasera? Sì, ma telefonerà prima di venire.
4. Preferisce comprare le arance dal fruttivendolo? Credo di sì.
5. Corro perché sono in ritardo per le prove del coro.

 # Ed ora ascoltiamo!

Sentirai tre dialoghi brevi riguardo ai problemi di salute. Puoi ascoltare i dialoghi quante volte vuoi. Dopo ognuno sentirai una domanda. Scegli la risposta giusta.

1. a. la mano   b. la gamba

2. a. l'influenza   b. il raffreddore

3. a. all'ospedale   b. in farmacia

 # Dettato

Sentirai un breve dettato tre volte. La prima volta, ascolta attentamente. La seconda volta, scrivi quello che senti. La terza volta, correggi quello che hai scritto. Scrivi sulle righe date. Controlla il tuo dettato con le soluzioni date in fondo al libro.

Il sistema nazionale _____

_____

_____

_____

_____

_____

_____

_____

Dialogo

Prima parte. Sentirai un dialogo tra Valeria ed Emanuele. Valeria racconta ad Emanuele della malattia di suo fratello.

Ascolta attentamente il dialogo.

EMANUELE: Ciao, Valeria, come va?

VALERIA: Non troppo bene, anzi, male, malissimo!

EMANUELE: Che è successo?

VALERIA: A me, niente, ma ho appena saputo che mio fratello è malato di cuore.

EMANUELE: Mi dispiace davvero, è già una situazione grave?

VALERIA: Deve ancora andare a parlare con gli specialisti, ma ha già saputo che la cura migliore a questo punto è un bypass. Probabilmente deve andare a fare l'operazione nelle Marche. Là c'è un famoso Istituto cardiologico e lui deve parlare con i dottori. Ho parlato al telefono con lui mezz'ora fa.

EMANUELE: Oh, mi dispiace davvero!

VALERIA: In questi giorni sta peggio del solito. Ha problemi di respirazione, si stanca subito e non è ottimista come me. Un bypass è un'operazione difficile, però, capisco il suo pessimismo.

EMANUELE: Vero, però oggi la tecnologia e le medicine possono fare miracoli. La ricerca medica è senz'altro più avanzata di qualche anno fa. E le strutture ospedaliere sono migliori. E tu, stai bene?

VALERIA: Anch'io ho qualche problema di salute in questi giorni: un'influenza fastidiosissima che mi ha dato febbre, mal di testa e mal di gola. Sono andata subito dal dottore, ma mi devo curare ancora per un po'. In questi giorni le cose non potevano andare peggio per me. Prima questa mia indisposizione, poi la notizia di mio fratello!

EMANUELE: Cerca di essere ottimista! Tuo fratello è molto più vecchio di te ma è anche forte come te. Sono sicuro che può vincere la sua malattia.

Seconda parte. Ascolta di nuovo il dialogo. Fai particolare attenzione ai sintomi, le malattie e le cure che Valeria e Emanuele descrivono.

Terza parte. Sentirai due volte sei frasi basate sul dialogo. Segna, per ciascuna frase, **vero** o **falso.**

1. vero   falso

2. vero   falso

3. vero   falso

4. vero   falso

5. vero   falso

6. vero   falso

Sara in Italia

Sara è a Urbino, una piccola città delle Marche, regione centrale sulla costa adriatica. Luogo di nascita di Raffaello, Urbino è circondata (*surrounded*) dalle mura originarie (*original walls*) ed è uno dei gioielli (*jewels*) dell'architettura e dell'arte rinascimentale. Sara visita il Palazzo Ducale con un gruppo di turisti e una guida.

Ascolta attentamente il dialogo. Ascolta il dialogo quante volte vuoi. Poi, rispondi alle domande che senti. Sentirai ogni domanda due volte. Ripeti la risposta.

Parole utili: dipinto (*painting*), prospettiva (*perspective*), abitanti (*inhabitants*)

1. ... 2. ... 3. ... 4. ... 5. ...

Sara in rete...

For more information about what Sara experienced during her travels, check out the links found on the *Prego!* website (**www.mhhe.com/prego7).**

CAPITOLO **10**

Buon viaggio!

 ## *Vocabolario preliminare*

A. Per cominciare. Sentirai un dialogo due volte. La prima volta, ascolta attentamente. La seconda volta, il dialogo sarà ripetuto con pause per la ripetizione.

MARIO: Allora, che programmi hai per l'estate?
DANIELE: Mah, a dire il vero non ho ancora deciso. Forse vado al mare in Sicilia… E tu, niente di speciale questa volta?
MARIO: Quest'estate non vado in vacanza. L'anno scorso ho fatto una crociera in Grecia, quest'inverno sono andato a sciare in Francia e poi ho fatto un viaggio in Olanda.
DANIELE: Ora capisco perché non vai in vacanza! O hai finito i giorni di ferie o i soldi per viaggiare all'estero!

B. Una vacanza per tutti i gusti. Sentirai un brano seguito da quattro domande. Sentirai il brano due volte. La prima volta, ascolta attentamente. La seconda volta, il brano sarà ripetuto con pause per la ripetizione. Poi sentirai le domande due volte e dovrai scegliere la risposta giusta ad ogni domanda.

Finalmente progetti precisi per le nostre vacanze: chi voleva affittare una casa, chi fare una crociera, chi al mare e chi in montagna… La decisione probabilmente soddisfa tutti: andiamo in campagna, in Toscana. Abbiamo trovato un piccolo albergo a due stelle, con una camera singola con bagno per Roberto, una matrimoniale per Alice e Cristiano, ma solo con doccia, e per me una singola con doccia. Io, Alice e Cristiano andiamo sempre in campeggio e usare il bagno comune in albergo per noi non è un problema. Risparmiamo dei soldi e siamo contenti. Non abbiamo neppure dovuto lasciare un anticipo con la carta di credito o mandare un assegno o dei contanti. Speriamo bene! Degli amici comunque mi hanno detto che l'albergo è carino e la zona favolosa per fare escursioni a cavallo…

1. a.   in crociera   b.   in campagna

2. a.   camere in un albergo di lusso   b.   camere in un albergo economico

3. a.   camera matrimoniale con doccia   b.   camera matrimoniale con bagno

4. a.   in contanti   b.   Non c'è stato anticipo.

C. Ha una camera libera?... Shannon è appena arrivata a Roma dove deve prenotare una stanza in un albergo. Cosa le chiederà l'impiegato? Ferma la registrazione e completa il dialogo con le frasi appropriate. Poi sentirai il dialogo due volte. La prima volta, controlla le tue risposte. La seconda volta, il dialogo sarà ripetuto con pause per la ripetizione.

80 euro.

Abbiamo una camera, ma senza aria condizionata.

Certo. Come si chiama?

No.

Per quante persone?

Certo, mi può dare il numero?

Per quante notti?

Una camera singola. Con bagno?

IMPIEGATO: Hotel Rex, buona sera. Desidera?

SHANNON: Ha una camera libera?

IMPIEGATO: _____ 1

SHANNON: Per due notti.

IMPIEGATO: _____ 2

SHANNON: Una.

IMPIEGATO: _____ 3

SHANNON: Con doccia va bene.

IMPIEGATO: _____ 4

SHANNON: Non importa se non c'è l'aria condizionata. Quanto costa?

IMPIEGATO: _____ 5

SHANNON: C'è pensione completa?

IMPIEGATO: _____ 6

SHANNON: Posso prenotare adesso?

IMPIEGATO: _____ 7

SHANNON: Shannon Mangiameli. Posso pagare con la carta di credito?

IMPIEGATO: _____ 8

D. Progetti di vacanze. Sentirai tre coppie che parlano dei loro progetti di vacanze. Sentirai ogni dialogo due volte. La prima volta, ascolta attentamente. La seconda volta, completa la tabella con le informazioni appropriate per ciascuna coppia. Controlla le tue risposte con le soluzioni date in fondo al libro.

Parole utili: le comodità (*comforts*), i boschi (*woods*), sborsare (*to pay out*)

	COPPIA 1	COPPIA 2	COPPIA 3
destinazione			
mezzo di trasporto			
alloggio			
pagamento			

In ascolto

Progetti di vacanze. Renata e Enrico hanno preparato un itinerario per una vacanza in Toscana. Ascolta con attenzione la loro conversazione su una parte del viaggio, poi completa le frasi seguenti. Controlla le tue risposte con le soluzioni date in fondo al libro.

1. A Firenze in questa stagione non è facile _____.

2. A Prato o a Pistoia la sistemazione è meno _____ che a Firenze.

3. A Prato c'è la possibilità di una camera _____, con

   _____, in una _____.

4. A Marina di Pietrasanta ci sono _____.

5. A Marina di Pietrasanta è possibile fare queste attività: _____.

Grammatica

A. Futuro semplice

A. Per cominciare. Sentirai un brano due volte. La prima volta, ascolta attentamente. La seconda volta, completa il brano con le parole che mancano. Controlla le tue risposte con le soluzioni date in fondo al libro.

Alla fine di giugno _____[1] per l'Italia

con i miei genitori e mia sorella. _____[2]

l'aereo a New York e _____[3] a Roma.

_____[4] una settimana insieme a Roma,

poi i miei genitori _____[5] una macchina

e _____[6] il viaggio con mia sorella. Io, invece, _____[7] a

Perugia, dove _____[8] l'italiano per sette settimane. Alla fine di agosto

_____[9] tutti insieme negli Stati Uniti.

B. Il matrimonio di Elsa sarà domenica... Tutti i parenti di Elsa arriveranno domenica per il suo matrimonio. Di' chi verrà e cosa farà, secondo i suggerimenti. Ripeti la risposta.

> ESEMPIO: *Leggi:* arrivare per il matrimonio di Elsa
> *Senti:* Stefania
> *Dici:* Domenica Stefania arriverà per il matrimonio di Elsa.

1. portare il regalo per il matrimonio di Elsa
2. fare da testimoni (*to be witnesses*) al matrimonio di Elsa
3. fare le fotografie al matrimonio di Elsa
4. guidare la macchina degli sposi per il matrimonio di Elsa
5. portare i fiori per il matrimonio di Elsa
6. celebrare il matrimonio di Elsa

B. Usi speciali del futuro

A. Per cominciare. Sentirai un dialogo due volte. La prima volta, ascolta attentamente. La seconda volta, completa il dialogo con le parole che mancano. Controlla le tue risposte con le soluzioni date in fondo al libro.

CHIARA: Paola, come stai? Come va il lavoro?

PAOLA: Ciao, Chiara! Sto bene, ma sono molto stanca. Appena _____[1] di

insegnare all'università, _____[2] a trovare i miei genitori in Italia. E tu?

CHIARA: Io _____[3] un viaggio con mia sorella. Chissà cosa

_____[4] Marco e Tiziana.

PAOLA: Non so, loro fanno sempre viaggi straordinari. Forse questa volta

_____[5] alle Maldive.

B. Come sarà Sara? La mamma di Sara è preoccupata per sua figlia che viaggia per tutta l'Italia e si fa tante domande su quello che farà o non farà. Sentirai il brano due volte. La prima volta, ascolta attentamente. La seconda volta, completa il brano con i verbi al futuro. Controlla le tue risposte con le soluzioni date in fondo al libro.

La mia povera bambina! Dove _____[1]? Avrà _____[2]

una camera? _____[3] freddo? _____[4] abbastanza?

_____[5] abbastanza? _____[6] soldi a sufficienza (*enough

money*)? _____[7] le cartoline?

C. Domande personali. Di' quando farai le seguenti cose. Rispondi con il verbo al futuro.

> ESEMPIO: *Senti e leggi:* Andrò al cinema se...
> *Dici:* Andrò al cinema se avrò tempo, soldi, eccetera.

1. Studierò quando...
2. Andrò a mangiare appena...
3. Pulirò l'appartamento se...

4. Potrò riposare (*rest*) dopo che…
5. Ti scriverò un'e-mail quando…

C. *Si impersonale*

A. Per cominciare. Sentirai un brano due volte. La prima volta, ascolta attentamente. La seconda volta il brano sarà ripetuto con pause per la ripetizione.

Quando si va in Italia, si fanno molte cose interessanti: si visitano bellissime città d'arte, ci si diverte a parlare italiano e soprattutto si può mangiare l'autentica pizza napoletana!

B. Non si fa così. Rebecca fa i capricci (*is acting up*). Dovrai dirle che certe cose si fanno o non si fanno. Usa il **si** impersonale. Ripeti la risposta.

> ESEMPIO: *Senti:* salutare la maestra
> *Dici:* Si saluta la maestra.

1. … 2. … 3. … 4. … 5. …

C. Di ritorno da un viaggio in Italia. Sei stato ospite di una famiglia italiana per un mese. Un compagno vuole sapere tutto sulle tue abitudini durante il tuo viaggio in Italia. Ascolta le sue domande. Nelle tue risposte, usa il **si** impersonale e il vocabolario dato per ogni frase. Ripeti la risposta.

> ESEMPIO: *Leggi:* mangiare / una pasta e un caffè
> *Senti:* Con che cosa facevate colazione?
> *Dici:* Si mangiava una pasta e un caffè.

1. guardare / il telegiornale
2. fare la spesa / il sabato
3. andare / al cinema con gli amici
4. cenare / alle otto
5. stare / a casa a giocare a carte con la famiglia

D. Formazione dei nomi femminili

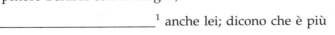

A. Per cominciare. Sentirai un dialogo due volte. La prima volta, ascolta attentamente. La seconda volta, completa il dialogo con i nomi femminili che mancano. Controlla le tue risposte con le soluzioni date in fondo al libro.

CLAUDIO: Oggi al ricevimento dai Brambilla c'era un sacco di

gente interessante.

MARINA: Ah sì? Chi c'era?

CLAUDIO: Il pittore Berardi con la moglie,

_____[1] anche lei; dicono che è più

brava del marito… la _____[2] di storia dell'arte Stoppato, il poeta

Salimbeni con la moglie _____[3] e un paio di scrittori…

MARINA: Che ambiente intellettuale! Ma i Brambilla cosa fanno?

CLAUDIO: Beh, lui è un grosso industriale tessile e lei è un'ex-_____.[4]

B. Dal mondo femminile al mondo maschile... Di' la forma al maschile di ogni nome femminile. Ripeti la risposta.

> ESEMPIO: *Senti:* una regista famosa
> *Dici:* un regista famoso

1. ... 2. ... 3. ... 4. ... 5. ... 6. ... 7. ... 8. ... 9. ... 10. ...

Pronuncia: The sounds of the letters "b" and "p"

A. *B* e doppia *b*. The letter **b** is pronounced as in the English word *boy*. Compare and contrast the single and double sounds of **b** in these pairs of words. Listen and repeat.

1. da basso / abbasso
2. abile / abbaiare
3. laboratorio / labbro
4. debole / ebbene

B. *P.* The sound of the letter **p** in Italian is similar to that in the English word *pen*, though without the aspiration or slight puff of air one hears in English. Listen carefully to these English and Italian words, then repeat the Italian word. Listen and repeat.

1. pizza / pizza
2. page / pagina
3. palate / palato
4. pope / papa
5. pepper / pepe

C. Doppia *p*. Compare and contrast the single and double sound of **p** in these pairs of words. Listen and repeat.

1. papa / pappa
2. capelli / cappelli
3. capi / cappi
4. rapito / rapporto

D. Parliamo italiano! Listen and repeat.

1. Paolo ha i capelli e i baffi bianchi.
2. Ho paura di guidare quando c'è la nebbia.
3. Non capisco perché ti arrabbi sempre.
4. Hai già buttato giù la pasta?
5. Giuseppe, stappa una bottiglia di vino buono!

Ed ora ascoltiamo!

Sentirai un dialogo tra Tony e Cristina in cui discutono dei soldi da portare in viaggio. Puoi ascoltare il dialogo quante volte vuoi. Poi sentirai, due volte, sei frasi e dovrai segnare, per ciascuna frase, **vero** o **falso.**

1. vero	falso		4. vero	falso
2. vero	falso		5. vero	falso
3. vero	falso		6. vero	falso

Dettato

Sentirai un breve dettato tre volte. La prima volta, ascolta attentamente. La seconda volta, il dettato sarà letto con pause tra le frasi. Scrivi quello che senti. La terza volta, correggi quello che hai scritto. Scrivi sulle righe date. Controlla il tuo dettato con le soluzioni date in fondo al libro.

Due coppie _____

_____

_____

_____

_____

_____

_____

_____

_____

_____

_____

Dialogo

Prima parte. Alessia e Sandra discutono dei progetti di vacanza di Alessia.

Ascolta attentamente il dialogo.

ALESSIA: Finalmente in vacanza! Adesso, quello che voglio è solo una cosa… Riposarmi, stare al sole, tornare in pensione a mangiare e fare la doccia, tornare di nuovo sulla spiaggia, abbronzarmi…

SANDRA: Non solo una cosa, allora, …hai fatto una lista!

ALESSIA: Va bene, diciamo che la mia priorità sarà di riposarmi al sole. Sono così stanca della pioggia! Questo maggio volevo cambiare casa, andare al Sud. Quando mai si è visto il sole?

SANDRA: Ma come sei difficile, Alessia! A me il tempo fresco non dispiace.

ALESSIA: Tempo fresco, va bene; tempo piovoso, no, grazie.

SANDRA: Secondo le previsioni del tempo, domani sarà parzialmente nuvoloso e potrà anche piovere nel week-end, non è sicuro che ci sarà il sole questa settimana…

ALESSIA: Speriamo di no! Altrimenti, questa volta il mio oroscopo ha proprio ragione. «Ci saranno problemi associati con viaggi e spostamenti, che causeranno insoddisfazioni.»

SANDRA: Ma Alessia! È l'oroscopo di un giornale! Mica ti fiderai?!! E poi è così generale… Questa vacanza non andrà male, non ti preoccupare.

ALESSIA: E chi ti ha detto che sono preoccupata? Se pioverà, pioverà, non c'è molto che posso fare… Almeno ci sono dei buoni ristoranti nella zona? Vuol dire che se pioverà o farà brutto tempo, passerò un po' di tempo al chiuso, a leggere giornali…

SANDRA: Oh sì, a leggere giornali… Oroscopi, vuoi dire, la tua lettura preferita! E poi avrai altre idee come quella di oggi, che le previsioni del tempo sono scritte nel tuo destino!

Seconda parte. Ascolta di nuovo il dialogo. Fai particolare attenzione al tempo previsto e alle attività di Alessia a seconda del tempo.

Terza parte. Sentirai due volte sei frasi basate sul dialogo. Segna, per ciascuna frase, **vero** o **falso.**

1. vero   falso   4. vero   falso

2. vero   falso   5. vero   falso

3. vero   falso   6. vero   falso

Sara in Italia

Sara è a Porto Cervo, sulla Costa Smeralda della Sardegna, ospite dell'avvocato (*lawyer*) Corradini. I signori Corradini hanno qui la seconda casa, mentre durante l'anno abitano in provincia di Firenze. Nei mesi estivi è di moda (*fashionable*) andare in Sardegna e i signori Corradini hanno anche comprato una bella barca per navigare attorno all'isola.

Ascolta attentamente il dialogo. Ascolta il dialogo quante volte vuoi. Poi, rispondi alle domande che senti. Sentirai ogni domanda due volte. Ripeti la risposta.

Porto Cervo

Parole utili: una gita (*excursion*), al largo (*on the open sea*)

1. …   2. …   3. …   4. …   5. …

Sara in rete...

For more information about what Sara experienced during her travels, check out the links found on the *Prego!* website (**www.mhhe.com/prego7**).

CAPITOLO **11**

Spesa e spese

Vocabolario preliminare

A. Per cominciare. Sentirai un dialogo due volte. La prima volta, ascolta attentamente. La seconda volta, il dialogo sarà ripetuto con pause per la ripetizione.

SILVANA: Sono andata in centro a fare spese l'altro giorno. C'erano molti sconti nelle boutique e allora non ho resistito…
GIOVANNA: Cos'hai comprato?
SILVANA: Volevo un paio di scarpe eleganti e comode, come le tue.
GIOVANNA: Dove le hai trovate?
SILVANA: In Via Montenapoleone: un vero affare, solo 100 euro.
GIOVANNA: Io invece le ho comprate al mercato: 50 euro!

B. Dove lo comprano? Guarda i disegni e di' dove e da chi queste persone fanno la spesa. Ripeti la risposta.

ESEMPIO: *Senti:* Dove comprano le paste le ragazze?
Dici: Le comprano in una pasticceria, dalla pasticciera.

1.

2.

3.

4.

5.

C. Dove siamo? Sentirai, per due volte, due dialoghi. Ascolta i dialoghi e di' dove hanno luogo (*they take place*).

1. a. Siamo in un negozio di alimentari.   b. Siamo dal panettiere.

2. a. Siamo in una gelateria.   b. Siamo dal fruttivendolo.

In ascolto

Un po' di spesa. Sentirai tre brevi dialoghi. Indica il negozio corrispondente ad ogni dialogo e scrivi le informazioni che mancano: che cosa compra il/la cliente e quanto costa. Controlla le tue risposte con le soluzioni date in fondo al libro.

	DIALOGO 1	DIALOGO 2	DIALOGO 3
dalla fruttivendola			
dalla lattaia			
dal macellaio			
cosa compra il/la cliente?			
quanto costa?			

Grammatica

A. Usi di *ne*

A. Per cominciare. Sentirai un dialogo seguito da tre domande. Sentirai il dialogo due volte. La prima volta, ascolta attentamente. La seconda volta, il dialogo sarà ripetuto con pause per la ripetizione. Scegli poi le risposte giuste alle domande che senti.

MAMMA: Marta, per favore mi compri il pane?
MARTA: Volentieri! Quanto ne vuoi?
MAMMA: Un chilo. Ah sì, ho bisogno anche di prosciutto cotto.
MARTA: Ne prendo due etti?
MAMMA: Puoi prenderne anche quattro: tu e papà ne mangiate sempre tanto!
MARTA: Hai bisogno d'altro?
MAMMA: No, grazie, per il resto andrò io al supermercato domani.

1. a. Ne deve prendere un chilo.   b. Ne deve prendere un chilo e mezzo.

2. a. Ne deve prendere due.   b. Ne deve prendere quattro.

3. a. Ne ha bisogno.   b. Non ne ha bisogno.

B. Quanti? Il tuo compagno di casa è stato via due settimane e ha tante domande da farti al suo ritorno. Rispondi alle sue domande secondo i suggerimenti. Ripeti la risposta.

> ESEMPIO: *Senti:* Quanti film hai visto?
> *Leggi:* tre
> *Dici:* Ne ho visti tre.

1. due
2. molto
3. poco
4. tanto
5. quattro
6. un po'

C. Domande personali. Rispondi alle seguenti domande. Usa **ne** nella tua risposta.

1. ... 2. ... 3. ... 4. ... 5. ... 6. ... 7. ... 8. ...

B. Usi di *ci*

A. Per cominciare. Sentirai un dialogo due volte. La prima volta, ascolta attentamente. La seconda volta, il dialogo sarà ripetuto con pause per la ripetizione.

MARIA: Antonio, Laura, avete fatto spese?
ANTONIO: Sì, siamo andati al nuovo centro commerciale.
MARIA: Io non ci vado mai, preferisco andare nei piccoli negozi: dal panettiere, in macelleria, nel negozio di frutta e verdura...
LAURA: Anche noi ci andiamo spesso, ma solo per comprare i prodotti freschi!

B. Altre domande personali... Rispondi alle domande secondo la tua esperienza personale. Usa **ne** o **ci** nella tua risposta. Poi sentirai due risposte possibili. Ripeti la risposta adatta a te.

1. ... 2. ... 3. ... 4. ... 5. ... 6. ...

C. Pronomi doppi

A. Per cominciare. Sentirai un dialogo due volte. La prima volta, ascolta attentamente. La seconda volta, completa il dialogo con le parole che mancano. Controlla le tue risposte con le soluzioni date in fondo al libro.

COMMESSA: Allora, signora, ha provato la gonna e la camicetta? Come Le stanno?

CLIENTE: La gonna è troppo stretta, ma la camicetta va bene. La prendo.

COMMESSA: _____¹ incarto?

CLIENTE: No; _____ _____² può mettere da parte? Ora vado a fare la spesa e poi passo a prenderla quando torno a casa.

COMMESSA: Va bene, signora, _____³ metto qui, dietro al banco.

B. Di che cosa parliamo? Sentirai, per due volte, sei frasi con pronomi doppi. Dovrai scegliere a quale delle tre frasi scritte si riferisce ogni frase che senti.

ESEMPIO: *Senti:* glielo do
Leggi: a. Do a lui i libri.   b. Do a lei i libri.   c. Do a lui o a lei il libro.
Scegli: c

1. a. Compriamo i giornali per loro.
   b. Compriamo le scarpe per voi.
   c. Compriamo scarpe e calzini per voi.

2. a. Regalo i profumi a lei.
   b. Regalo la penna e la matita a lei.
   c. Regalo la gonna a lei.

3. a. Diamo l'assegno a te.
   b. Diamo la carta di credito a te.
   c. Diamo i soldi a te.

4. a. Faccio la torta per lui.
   b. Faccio i compiti per lui.
   c. Faccio il compito per lei o per lui.

5. a. Presto il libro a voi.
   b. Presto la mappa e la guida turistica a voi.
   c. Presto la mappa, la guida turistica e il libro a voi.

6. a. Parlo a lui.
   b. Parlo a lei.
   c. Parlo a lui di lei.

C. Oggi no. Ti chiedono tutti dei piaceri, ma oggi non hai tempo e rispondi di no. Ripeti la risposta.

ESEMPIO: *Senti:* Puoi comprare il pane ai vicini (*neighbors*)?
Dici: Mi dispiace; oggi non glielo posso comprare.

1. …   2. …   3. …   4. …   5. …

D. Imperativo (*tu, noi, voi*)

A. Per cominciare. Sentirai un brano due volte. La prima volta, ascolta attentamente. La seconda volta, completa il brano con i verbi all'imperativo che mancano. Controlla le tue risposte con le soluzioni date in fondo al libro.

MAMMA: Dai bambini, _____[1] a fare la spesa! Questa volta,

_____[2] bene: tu, Lucia, _____[3] buon giorno al

negoziante; e tu, Carletto, _____[4] _____[5] niente

nel negozio!

B. Professore per un giorno... Immagina di fare il professore e da' istruzioni ai tuoi studenti, secondo i suggerimenti. Ripeti la risposta.

    ESEMPIO: *Senti:* fare l'esercizio
              Dici: Fate l'esercizio!

    1. ...   2. ...   3. ...   4. ...   5. ...   6. ...   7. ...   8. ...

C. Baby-sitter autoritari... Fai la baby-sitter a Marisa e a Stefano. Dovrai dirgli cosa devono fare o non fare. Ripeti la risposta.

    ESEMPIO: *Leggi:* stare zitto
             Senti: Marisa e Stefano
             Dici: State zitti!

  1. avere pazienza
  2. andare in cucina
  3. non scrivere sul muro
  4. pulire il tavolo
  5. non mangiare la torta
  6. essere buono

D. Ospiti. Hai due ospiti in casa. Quando ti chiedono se possono fare qualcosa, rispondi in modo affermativo. Usa **pure** e i pronomi di oggetto nella tua risposta. Ripeti la risposta.

    ESEMPIO: *Senti:* Possiamo leggere la rivista?
             Dici: Sì, leggetela pure!

    1. ...   2. ...   3. ...   4. ...   5. ...

Pronuncia: The sounds of the letters "f" and "v"

A. *F e f doppia.* The letter **f** is pronounced as in the English word *fine*. Compare and contrast the single and double sound of **f**. Listen and repeat.

1. da fare / daffare
2. tufo / tuffo
3. befana / beffare
4. difesa / piffero
5. gufo / ciuffo

B. *V e doppia v.* The letter **v** is pronounced as in the English word *vine*. Compare and contrast the single and double **v** sound in these pairs of words. Listen and repeat.

1. piove / piovve
2. bevi / bevvi
3. evidenza / evviva
4. ovest / ovvio
5. dove / ovvero

C. **Parliamo italiano!** Listen and repeat.

1. Servo il caffè all'avvocato.
2. È vero che vanno in ufficio alle nove?
3. Pioveva e faceva freddo.
4. L'imperfetto dei verbi irregolari non è difficile.
5. Vittoria aveva davvero fretta.
6. Dove vendono questo profumo?

Ed ora ascoltiamo!

Sentirai tre conversazioni ai grandi magazzini. Puoi ascoltare il dialogo quante volte vuoi. Cosa vogliono comprare queste persone? Di che colore? Di che taglia? Inserisci nella tabella le informazioni che senti. Controlla le tue risposte con le soluzioni date in fondo al libro.

	CLIENTE A	CLIENTE B	CLIENTE C
il capo d'abbigliamento			
il colore			
la taglia			

Dettato

Sentirai un breve dettato tre volte. La prima volta, ascolta attentamente. La seconda volta, il dettato sarà letto con pause tra le frasi. Scrivi quello che senti. La terza volta, correggi quello che hai scritto. Scrivi sulle righe date. Controlla il tuo dettato con le soluzioni date in fondo al libro.

Giovanna e Silvana _____

_____

_____

_____

_____

_____

_____

_____

_____

_____

_____

Dialogo

Prima parte. Silvana e Giovanna sono a Milano, in una via con negozi molto chic.

Ascolta attentamente il dialogo.

SILVANA: Guarda che bella giacca, chissà quanto costa: è di Armani!

GIOVANNA: Beh, quanto costa puoi immaginartelo facilmente, siamo in Via Montenapoleone!

SILVANA: Dai, entriamo lo stesso! Se ci pensi bene, ci sono sempre svendite in questi negozi.

GIOVANNA: Cosa? Non siamo ai grandi magazzini! Fattelo dire dal commesso, subito, quanto costa quel vestito, così non perdi tempo a mettertelo addosso... Vedi, non ci sono nemmeno i prezzi in vetrina, questo è un buon segno.

SILVANA: Macchè! Provare un vestito è sempre meglio che vederlo in vetrina e non costa niente...
(Silvana entra nel negozio.)

COMMESSO: Buon giorno, in cosa posso servirLa?

SILVANA: Ha una taglia quarantaquattro di quella giacca blu in vetrina?

COMMESSO: Penso di sì... Un momento, gliela porto subito. Eccola.
(Silvana va nel camerino a provare la giacca.)

COMMESSO: Come va?

SILVANA: Credo bene, ha proprio una bella linea. Ma non sono sicura di questo colore...

COMMESSO: Se vuole, gliene porto un'altra di un altro colore, che ne dice del nero o del grigio scuro?

SILVANA: No, mi piaceva il blu, in vetrina, ma adesso che me la sono provata, il colore non va, ma grazie lo stesso... A proposito, quanto costa?

COMMESSO: Sono solo duecento euro. Ce ne sono altre simili, in altri colori...

SILVANA: Non importa, grazie, mi interessava proprio questa. ArrivederLa.

COMMESSO: ArrivederLa.

(*Silvana esce dal negozio.*)

GIOVANNA: Allora, che facevi dentro? Ci sei stata quasi mezz'ora! C'erano sconti?

SILVANA: Ma di che sconti parli? Avevi ragione, gli affari si fanno solo ai grandi magazzini!

Seconda parte. Ascolta di nuovo il dialogo. Fai particolare attenzione a cosa dicono Silvana e Giovanna sugli affari, i prezzi e la giacca che Silvana vuole provare.

Terza parte. Sentirai due volte sei frasi basate sul dialogo. Segna, per ciascuna frase, **vero** o **falso**.

1. vero   falso   4. vero   falso

2. vero   falso   5. vero   falso

3. vero   falso   6. vero   falso

Sara in Italia

Sara è a Palermo, in Sicilia, con sua zia Rosa Cianciotta. Sono a San Giovanni degli Eremiti, a una chiesa normanna costruita nel 1100.

Ascolta attentamente il dialogo. Ascolta il dialogo quante volte vuoi. Poi, rispondi alle domande che senti. Sentirai ogni domanda due volte. Ripeti la risposta.

Parole utili: come vedi (*as you see*), da vedere (*to see*)

1. ...   2. ...   3. ...   4. ...   5. ...

Sara in rete...

For more information about what Sara experienced during her travels, check out the links found on the *Prego!* website (**www.mhhe.com/prego7**).

CAPITOLO **12**

Cercare casa

Vocabolario preliminare

A. Per cominciare. Sentirai un dialogo due volte. La prima volta, ascolta attentamente. La seconda volta, rispondi alle domande. Controlla le tue risposte con le soluzioni date in fondo al libro.

ANTONELLA: Ho saputo che vi sposate tra due settimane!
PATRIZIA: Eh sì, è quasi tutto pronto, ma ci manca solo la casa...
ANTONELLA: La casa!? E dove andate a abitare?
MASSIMO: Dai miei genitori... Non è la migliore soluzione ma, come sai, trovare casa oggi è quasi impossibile; costa troppo!

1. ...   2. ...   3. ...

B. La casa e l'affitto... Sentirai, per due volte, un dialogo tra Carmela e Pina, seguito da tre frasi. La prima volta, ascolta attentamente. La seconda volta, il dialogo sarà ripetuto con pause per la ripetizione. Poi sentirai le tre frasi due volte e dovrai segnare **vero** o **falso**.

CARMELA: Allora, hai trovato casa?
PINA: Sì, l'ho trovata, ma adesso devo trovare un secondo lavoro per pagare l'affitto!
CARMELA: E meno male che non abitiamo in una città come New York! Ho appena parlato con il mio amico Marco, che si è appena trasferito a New York, e che mi ha detto che gli affitti lì sono tre volte quelli di Milano, per un appartamento di due stanze!
PINA: Ma sono sicura che anche lo stipendio di questo tuo amico sarà adeguato al costo degli appartamenti!

1. vero   falso

2. vero   falso

3. vero   falso

C. Parliamo della casa. Guarda il disegno, poi scrivi le risposte alle domande che senti. Controlla le tue risposte con le soluzioni date in fondo al libro.

ESEMPIO: *Senti:* Dove lascia la bici Sara? A pianterreno o al primo piano?
Scrivi: a pianterreno

1. _____ 4. _____

2. _____ 5. _____

3. _____

D. Arrediamo (*We're furnishing*) **la nuova casa.** Sentirai sei frasi e dovrai indovinare a quale oggetto si riferisce ogni frase. Ripeti la risposta.

l'armadio

il divano

la lavastoviglie

la lavatrice

la scrivania

le sedie

✓ lo specchio

ESEMPIO: *Senti:* Mettiamolo nel bagno.
Dici: lo specchio

1. ... 2. ... 3. ... 4. ... 5. ... 6. ...

In ascolto

La prima casa. Carla cerca un appartamento per lei e per un'altra studentessa. Risponde per telefono a un annuncio (*ad*) sul giornale. Ascolta con attenzione la sua conversazione con il padrone e decidi se le seguenti affermazioni sono vere o false. Poi, correggi le affermazioni false. Controlla le tue risposte con le soluzioni date in fondo al libro.

1. L'appartamento è già affittato.   vero   falso

   _____

2. Ci sono tre stanze più bagno e cucina.   vero   falso

   _____

3. L'appartamento si trova al terzo piano.   vero   falso

   _____

4. Non c'è un balcone.   vero   falso

   _____

5. Il trasloco non è un problema perché c'è l'ascensore.   vero   falso

   _____

6. Carla e il padrone hanno appuntamento domani al numero 6, alle due   vero   falso
   di pomeriggio.

   _____

Grammatica

A. Aggettivi indefiniti

A. Per cominciare. Sentirai un dialogo due volte. La prima volta, ascolta attentamente. La seconda volta, completa il dialogo con le parole che mancano. Controlla le tue risposte con le soluzioni date in fondo al libro.

SARA: Sai, mamma, io e Carlo abbiamo visto

_____[1] appartamenti in

vendita davvero carini!

MAMMA: Dove sono?

SARA: Sono in _____,[2] vicino al

parco. _____[3] appartamento

ha un bel _____[4] con un _____[5] di verde.

Alcuni appartamenti hanno anche il camino in _____.[6]

MAMMA: Cosa aspettate? _____[7] uno!

B. Conformisti. Guarda i disegni e di' cosa fanno tutti i soggetti rappresentati. Segui i suggerimenti e usa **tutti** o **tutte** nelle tue risposte. Ripeti la risposta.

> ESEMPIO: *Senti:* ragazzi
> *Leggi:* correre
> *Dici:* Tutti i ragazzi corrono.

1.    dormire

2.    cucinare

3.    cambiare casa

4.    sistemare (*to arrange*) i mobili

C. Agenzia immobiliare (*Real Estate Agency*) **Piagenti.** Sentirai la pubblicità per l'agenzia immobiliare Piagenti due volte. La prima volta, ascolta attentamente. La seconda volta, prendi appunti su quello che hai sentito. Poi ferma la registrazione e completa le frasi con gli aggettivi indefiniti appropriati. Controlla le tue risposte con le soluzioni date in fondo al libro.

Aggettivi indefiniti: alcune, ogni, qualunque, tutte, tutti

1. Non vi offriamo una casa _____.

2. Vi offriamo una casa particolare con _____ precise caratteristiche.

3. _____ le stanze hanno l'aria condizionata.

4. _____ gli appartamenti hanno due bagni.

5. L'agenzia è aperta _____ giorno dalle 9 alle 17.

B. Pronomi indefiniti

A. Per cominciare. Sentirai un dialogo due volte. La prima volta, ascolta attentamente. La seconda volta, il dialogo sarà ripetuto con pause per la ripetizione.

MARISA: Ciao, Stefania, come va? Ho saputo che vuoi traslocare.

STEFANIA: È vero. Cerco una casa in affitto, ma sono tutte in vendita! In realtà ce ne sono alcune in affitto, ma sono troppo lontane dal centro.

MARISA: Non preoccuparti, prima o poi troverai qualcosa!

B. Che cos'è? Un tuo compagno di classe non ha studiato per l'esame di italiano e ti chiede il significato di tutti i vocaboli. Rispondi e usa **qualcuno** o **qualcosa** insieme alle informazioni date. Ripeti la risposta.

ESEMPIO: *Senti:* E il lattaio?
Leggi: vende il latte
Dici: È qualcuno che vende il latte.

1. mangiamo a colazione

2. si mangia

3. vende la frutta

4. lavora in un negozio

5. si beve

6. fa il pane

C. Problemi di casa. Sentirai cinque brevi scambi sui problemi di casa di Giulia, Marta e Cinzia, seguiti da domande. Rispondi ad ogni domanda con i pronomi indefiniti appropriati. Ripeti la risposta.

1. … 2. … 3. … 4. … 5. …

C. Negativi

A. Per cominciare. Sentirai un dialogo due volte. La prima volta, ascolta attentamente. La seconda volta, il dialogo sarà ripetuto con pause per la ripetizione.

MARITO: Sento un rumore in cantina: ci sarà qualcuno, cara…

MOGLIE: Ma no, non c'è nessuno: saranno i topi!

MARITO: Ma che dici? Non abbiamo mai avuto topi in questa casa. Vado a vedere.
(*Alcuni minuti dopo.*)

MOGLIE: Ebbene?

MARITO: Ho guardato dappertutto ma non ho visto niente di strano.

MOGLIE: Meno male!

B. Arrivano le ragazze! Franco è contento di conoscere le tue amiche italiane che arrivano oggi. Rispondi alle sue domande negativamente. Ripeti la risposta.

> ESEMPIO: *Senti:* Sono già arrivate?
> *Dici:* No, non sono ancora arrivate.

1. … 2. … 3. … 4. … 5. …

C. Che dire? Sentirai cinque frasi due volte. Scegli, fra le seguenti coppie di frasi, quella che si collega meglio alla frase che hai sentito.

1. a. Non mi piacciono le due donne.

   b. Preferisco una delle due.

2. a. Devo ancora leggere alcune pagine del libro.

   b. È stato un bel libro.

3. a. Voglio divertirmi da solo stasera.

   b. Ho organizzato una bella cena per tutti stasera.

4. a. Ho ricevuto solo una lettera per posta.

   b. La posta non è venuta oggi.

5. a. Mi sono completamente rilassato ieri sera.

   b. Ho avuto una serata molto impegnata (*busy*).

D. Imperativo (*Lei, Loro*)

A. Per cominciare. Sentirai un dialogo due volte. La prima volta, ascolta attentamente. La seconda volta, completa il dialogo con i verbi all'imperativo che mancano. Controlla le tue risposte con le soluzioni date in fondo al libro.

> SEGRETARIA: Dottoressa, il signor Biondi ha bisogno
>
> urgente di parlarLe: ha già telefonato
>
> tre volte.
>
> DOTTORESSA MANCINI: Che seccatore (*nuisance*)! Gli
>
> _____[1] Lei,
>
> signorina, e gli
>
> _____[2] che
>
> sono già partita per Chicago.
>
> SEGRETARIA: Pronto!… Signor Biondi?… Mi dispiace, la dottoressa è partita per un congresso
>
> a Chicago… Come dice?… L'indirizzo? Veramente, non glielo so dire:
>
> _____[3] pazienza e _____[4] tra dieci
>
> giorni!

B. **Prego!** Di' al tuo professore di fare le seguenti cose, se vuole. Ripeti la risposta.

    ESEMPIO: *Senti:* entrare
             Dici: Se vuole entrare, entri!

    1. ...   2. ...   3. ...   4. ...   5. ...

C. **Professori.** Di' a due tuoi professori di non fare le seguenti cose se non possono. Ripeti la risposta.

    ESEMPIO: *Senti:* pagare
             Dici: Se non possono pagare, non paghino!

    1. ...   2. ...   3. ...   4. ...   5. ...

Pronuncia: The sounds of the letter "t"

The Italian sound [t] is similar to the *t* in the English word *top*, though it lacks the aspiration (the slight puff of air) that characterizes the English *t* at the beginning of a word. To pronounce **t** in Italian, place the tip of the tongue against the back of the upper teeth, but a bit lower than for the similar sound in English.

A. *T.* Compare and contrast the sounds of the English *t* and the Italian **t.** Listen to the English words, then repeat the Italian ones. Listen and repeat.

    1. tempo / tempo
    2. type / tipo
    3. tremble / tremare
    4. metro / metro
    5. mute / muto

B. *T e doppia t.* Compare and contrast the single and double sounds of **t.** Listen and repeat.

    1. tuta / tutta
    2. fato / fatto
    3. mete / mette
    4. riti / ritti
    5. moto / motto

C. **Parliamo italiano!** Listen and repeat.

    1. Avete fatto tutto in venti minuti. Ottimo!
    2. Mettete il latte nel tè?
    3. Quanti tavolini all'aperto!
    4. Il treno delle quattro e un quarto è partito in ritardo.
    5. I salatini sono sul tavolino del salotto.

Ed ora ascoltiamo!

Luigi è veramente felice: ha trovato un appartamento ideale per lui. Sentirai una descrizione del suo appartamento. Ascolta il brano quante volte vuoi. Guarda la piantina (*floor plan*) e scrivi in ogni stanza il suo nome, secondo la descrizione. Controlla le tue risposte con le soluzioni date in fondo al libro.

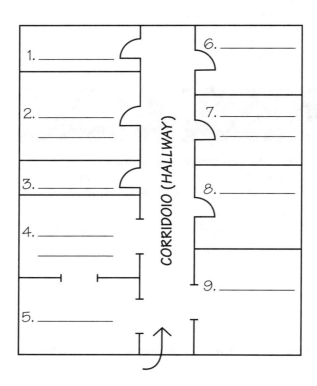

Dettato

Sentirai un breve dettato tre volte. La prima volta, ascolta attentamente. La seconda volta, il dettato sarà letto con pause tra le frasi. Scrivi quello che senti. La terza volta, correggi quello che hai scritto. Scrivi sulle righe date. Controlla il tuo dettato con le soluzioni date in fondo al libro.

Simonetta e Lucia _____

_____

_____

_____

_____

_____

_____

_____

Dialogo

Prima parte. Carla incontra il signor Pini, il proprietario dell'appartamento che lei vuole vedere.

Ascolta attentamente il dialogo.

SIGNOR PINI: Buon giorno, signora Rossi, è pronta per vedere l'appartamento?

CARLA: Buon giorno, signor Pini. Certo che sono pronta. Se corrisponde alla Sua descrizione, credo che non avrò problemi ad affittare il Suo appartamento.

SIGNOR PINI: È un bell'appartamento e in una zona centrale, e lei sa come è difficile trovare un appartamento al prezzo che voglio io...

CARLA: A dire il vero, ero rimasta sorpresa dall'annuncio: un appartamento disponibile adesso e a quel prezzo mi è sembrato incredibile...

SIGNOR PINI: Se ne sono interessate molte persone, ma sono io che non ho trovato il candidato... o candidata ideale.

CARLA: Ci sono due camere da letto, vero?

SIGNOR PINI: Sì. È un appartamento con due camere da letto, una camera grande e una cameretta, che può essere lo studio... poi, come Le avevo già detto, c'è un soggiorno piuttosto grande, un bagno completo di doccia e la cucina.

CARLA: Eccoci arrivati. L'appartamento è al terzo piano, ci sono un po' di scale da fare... Peccato che non c'è l'ascensore!

SIGNOR PINI: Come vede, non è un palazzo moderno. Ma via, signorina, le scale non sono così tante... E il trasloco, sa, non è un problema, le scale e le finestre sono molto larghe.

CARLA: Vedo, vedo, le scale sono molto belle, un bel marmo!

SIGNOR PINI: Sono sicuro che il problema non sarà l'appartamento, sarà l'affitto...

CARLA: Come Le ho già detto, l'affitto non è un problema.

SIGNOR PINI: Benissimo, allora. Entriamo. Ora Le mostro l'appartamento...

Seconda parte. Ascolta di nuovo il dialogo. Fai particolare attenzione a cosa dicono Carla e il signor Pini sull'affitto, l'appartamento e il palazzo.

Terza parte. Sentirai due volte sei frasi basate sul dialogo. Segna, per ciascuna frase, **vero** o **falso**.

1. vero   falso

2. vero   falso

3. vero   falso

4. vero   falso

5. vero   falso

6. vero   falso

Con il tempo che diventa sempre più bello, Sara decide di rimanere al Sud. Oggi si trova in Puglia, a Taranto, dopo aver visitato Bari e Lecce. Parla con Elena Condoleo, una signora del posto. La signora Condoleo è tornata in Puglia, la sua regione d'origine, dopo aver vissuto tanti anni a Torino.

Ascolta attentamente il dialogo. Ascolta il dialogo quante volte vuoi. Poi, rispondi alle domande che senti. Sentirai ogni domanda due volte. Ripeti la risposta.

Parole utili: fabbrica (*factory*), ci siamo trasferiti (*we moved*), albanesi (*Albanians*), rotondo (*round*), con tetti a cono (*cone-shaped roofs*)

1. ...   2. ...   3. ...   4. ...   5. ...

Sara in rete...

For more information about what Sara experienced during her travels, check out the links found on the *Prego!* website (**www.mhhe.com/prego7**).

CAPITOLO 13

È finita la benzina!

 Vocabolario preliminare

A. Per cominciare. Sentirai il dialogo due volte. La prima volta, ascolta attentamente. La seconda volta, il dialogo sarà ripetuto con pause per la ripetizione. Poi ferma la registrazione e scegli la risposta giusta. Controlla le tue risposte con le soluzioni date in fondo al libro.

MAMMA: Giorgio, fammi un piacere: porta questi sacchetti pieni di carta, vetro e plastica giù in strada e mettili negli appositi contenitori.

GIORGIO: Ma perché non possiamo mettere tutto nella spazzatura normale?

MAMMA: Vedi, tutto può essere riciclato; così non inquineremo di più il nostro ambiente.

1. Cosa c'è nei sacchetti?

   a. rifiuti comuni   b. rifiuti riciclabili

2. Perché la mamma di Giorgio vuole riciclare?

   a. per inquinare di meno   b. per pulire la casa

B. Il traffico e l'ambiente. Sentirai, per due volte, cinque definizioni riguardo al traffico e quattro definizioni riguardo all'ambiente e dovrai identificare i termini a cui si riferiscono. Scrivi le risposte nella colonna giusta. Controlla le tue risposte con le soluzioni date in fondo al libro.

> le gomme, l'inquinamento, i materiali riciclabili, i mezzi di trasporto, la patente, il pieno di benzina, il riciclaggio, i rifiuti, il vigile

IL TRAFFICO

1. _____
2. _____
3. _____
4. _____
5. _____

L'AMBIENTE

1. _____
2. _____
3. _____
4. _____

In ascolto

Un altro punto di vista. Saturnino e Mercurio, due extraterrestri arrivata sulla Terra in un disco volante (*flying saucer*), osservano dei ragazzi in un centro di riciclaggio. Ascolta con attenzione la loro conversazione, poi completa le frasi seguenti. Controlla le tue risposte con le soluzioni date in fondo al libro.

1. Il ragazzo biondo _____.

   a. depura l'acqua   b. ricicla delle bottiglie   c. scarica rifiuti

2. Secondo Mercurio, molta gente non ricicla _____.

   a. la plastica   b. i sacchetti di carta   c. l'alluminio

3. I due ragazzi _____ mucchi (*piles*) di giornali.

   a. leggono   b. proteggono   c. riciclano

4. La macchina dei ragazzi _____ l'aria perché emette troppo fumo (*smoke*) nero.

   a. depura   b. purifica   c. inquina

5. Saturnino e Mercurio gli _____.

   a. offriranno un passaggio   b. daranno una mano   c. chiederanno un passaggio

Grammatica

A. Condizionale presente

A. Per cominciare. Sentirai un dialogo due volte. La prima volta, ascolta attentamente. La seconda volta, completa il dialogo con le parole che mancano. Controlla le tue risposte con le soluzioni date in fondo al libro.

SANDRO: Pronto, Paola? Senti, oggi sono senza macchina. È dal meccanico per un controllo. Mi _____[1] un passaggio per andare in ufficio?

PAOLA: Ma certo! A che ora devo venire a prenderti? Va bene alle otto e un quarto?

SANDRO: Non _____[2] possibile un po' prima: diciamo, alle otto? Mi _____[3] un vero piacere!

PAOLA: Va bene, ci vediamo giù al portone alle otto.

B. Qualcosa da bere? Quando Paola ti offre da bere, rispondi per te e per i tuoi amici che preferireste la bibita
suggerita. Ripeti la risposta.

> ESEMPIO: *Senti:* Vuoi una Coca-Cola?
> *Leggi:* un'aranciata
> *Dici:* No, grazie, preferirei un'aranciata.

1. una cioccolata
2. un bicchiere di vino
3. una limonata

4. un'acqua naturale
5. un tè freddo

C. Con un milione di dollari... Cosa farebbero le seguenti persone con un milione di dollari? Rispondi secondo i suggerimenti. Ripeti la risposta.

> ESEMPIO: *Senti:* i signori Colombi
> *Leggi:* fare il giro del mondo
> *Dici:* Farebbero il giro del mondo.

1. comprare uno yacht
2. aiutare i poveri
3. andare a vivere alle Hawaii
4. scrivere il tuo romanzo
5. dare i soldi ad un'associazione ambientalista

D. Cosa faresti? Rispondi alle seguenti domande personali.

1. ...   2. ...   3. ...

B. *Dovere, potere e volere* al condizionale

A. Per cominciare. Sentirai un dialogo due volte. La prima volta, ascolta attentamente. La seconda volta, il dialogo sarà ripetuto con pause per la ripetizione.

FRANCESCA: Vorrei un mondo più pulito... Tutti dovremmo fare qualcosa per proteggere l'ambiente.
PATRIZIO: Hai ragione, ma cosa... ? Siamo solo dei ragazzini!
FRANCESCA: Beh, potremmo iniziare con il riciclaggio dei rifiuti che abbiamo in casa e poi potremmo sensibilizzare i nostri compagni di classe!

B. Consigli. Daniele ti racconta delle cattive abitudini di tutti. Rispondi che dovrebbero fare o non fare le seguenti cose. Ripeti la risposta.

> ESEMPIO: *Senti:* Bianca beve troppo.
> *Dici:* Non dovrebbe bere troppo.

1. ...   2. ...   3. ...   4. ...   5. ...   6. ...

C. L'esperto di trasporti. Sai tutto riguardo ai viaggi in macchina. Quando i tuoi amici ti raccontano i loro problemi, proponi delle soluzioni, secondo i suggerimenti. Ripeti la risposta.

> ESEMPIO: *Senti:* Sono quasi rimasta senza benzina.
> *Leggi:* fare il pieno più spesso
> *Dici:* Potresti fare il pieno più spesso!

1. chiedere un passaggio a Laura
2. rispettare i segnali stradali
3. portarla dal meccanico
4. controllare l'olio
5. andare in bici

C. Condizionale passato

A. Per cominciare. Sentirai un dialogo due volte. La prima volta, ascolta attentamente. La seconda volta, completa il dialogo con le parole che mancano. Controlla le tue risposte con le soluzioni date in fondo al libro.

GUIDO: Guarda come guida veloce quel pazzo!

RAFFAELE: Quel vigile _____ [1]

_____ [2] prendere il numero

di targa e dovrebbe mandargli una multa a casa.

GUIDO: No, _____ [3]

_____ [4] meglio fermarlo

e fargli subito una bella multa salata! Certi

automobilisti sono un pericolo pubblico!

B. Del senno di poi (*With hindsight*)... Di' cosa avrebbero dovuto fare prima le seguenti persone, secondo i suggerimenti. Ripeti la risposta.

> ESEMPIO: *Senti:* Laura è arrivata in ritardo.
> *Leggi:* alzarsi
> *Dici:* Laura avrebbe dovuto alzarsi prima.

1. prenotare
2. arrivare
3. mangiare
4. prendere
5. tornare
6. decidere

C. Tutti al mare! Tutti avevano programmato di studiare questo week-end... prima di sapere della festa al mare di Maurizio. Di' cosa hanno detto tutti, secondo i suggerimenti. Ripeti la risposta.

> ESEMPIO: *Senti:* Maria
> *Dici:* Ha detto che avrebbe studiato.

1. ...   2. ...   3. ...   4. ...   5. ...   6. ...

D. Pronomi possessivi

A. Per cominciare. Sentirai un dialogo due volte. La prima volta, ascolta attentamente. La seconda volta, il dialogo sarà ripetuto con pause per la ripetizione.

DANIELE: La mia macchina è una Ferrari; è velocissima. Com'è la tua?

ANTONIO: La mia è un po' vecchia, ma funziona.

DANIELE: La mia bici è una Bianchi. Che marca è la tua?

ANTONIO: Mah, non lo so. È una bici qualsiasi.

DANIELE: I miei vestiti sono tutti di Armani. E i tuoi?

ANTONIO: I miei non sono di marche famose. Di solito li compro al mercato.

B. Una macchina economica... Sentirai un dialogo tra Aldo e Carlo due volte. La prima volta, ascolta attentamente. La seconda volta, completa il dialogo con le parole che mancano. Controlla le tue risposte con le soluzioni date in fondo al libro.

ALDO: La _____[1] macchina è una

Ferrari, è velocissima, com'è la _____[2]?

CARLO: La _____[3] è un po' vecchia e funziona male. Ma come ti puoi permet-

tere una Ferrari? Consuma tanta benzina!

ALDO: La prendo solo per le grandi occasioni, altrimenti uso la macchina di

_____[4] moglie.

CARLO: E cos'è la _____[5]?

ALDO: La sua è una Fiat del 2000, viaggia bene e risparmia più della _____...[6]

CARLO: Eh, ci credo!

C. Curiosità. Sei ad una festa dove non conosci nessuno. Dovrai cercare di fare due chiacchiere, su qualsiasi argomento (*topic*), secondo i suggerimenti. Ripeti la risposta.

ESEMPIO: *Leggi:* La mia macchina è una FIAT.
Senti: Lei
Dici: La mia è una FIAT, e la Sua?

1. Il mio lavoro è interessante.
2. Nostro zio abita con noi.
3. Le mie nonne abitano a Roma.
4. La mia lavatrice non funziona.
5. I miei figli vanno a scuola.
6. Nostra sorella è sposata.

Pronuncia: The sounds of the letter "d"

In Italian, the letter **d** is pronounced like the *d* in the English word *tide*. Unlike the English *d*, however, the Italian **d** is always clearly articulated, regardless of position.

A. *D.* Listen carefully to these English and Italian words, then repeat the Italian words. Listen and repeat.

1. ditto / dito
2. day / dei
3. grandma / grande
4. modern / moderno
5. wedding / vedi

B. *D e doppia d.* Compare and contrast the single and double sound of **d.** Listen and repeat.

1. Ada / Adda
2. cade / cadde
3. fede / Edda
4. cadi / caddi
5. idea / Iddio

C. Parliamo italiano! Listen and repeat.

1. Avete deciso dove andare questa domenica?
2. Fa freddo in dicembre?
3. Dammi i soldi che ti ho dato!
4. Non devi dare del tu a tutti.
5. Dieci più dodici fa ventidue.
6. Non so cosa dovrei dire al dottore.

Ed ora ascoltiamo!

Sentirai tre dialoghi seguiti da due domande. Puoi ascoltare ogni dialogo quante volte vuoi. Poi dovrai scegliere la risposta giusta a ciascuna domanda.

Dialogo 1

1. a. alle sette   b. alle otto

2. a. la mattina   b. il pomeriggio

Dialogo 2

1. a. Massimo è andato al cinema.

   b. Massimo è uscito con la sua fidanzata.

2. a. Patrizia non è andata a sedere (*sit*) in prima fila.

   b. Patrizia avrebbe voluto sedere in prima fila.

Dialogo 3

1. a. I biglietti saranno in vendita tra un mese.

   b. I biglietti avrebbero dovuto essere comprati già da un po' di tempo.

2. a. I biglietti si potrebbero avere pagando (*paying*) di più.

   b. I biglietti non sono più sul mercato.

Dettato

Sentirai un breve dettato tre volte. La prima volta, ascolta attentamente. La seconda volta, il dettato sarà letto con pause tra frasi. Scrivi quello che senti. La terza volta, correggi quello che hai scritto. Scrivi sulle righe date. Controlla il tuo dettato con le soluzioni date in fondo al libro.

Enrico e Paola _____

_____

_____

_____

_____

_____

_____

_____

_____

_____

Dialogo

Prima parte. Una vigile ferma un'automobilista che ha fretta e parla con lei.

Parole utili: libretto di circolazione (*registration*), assicurazione (*insurance certificate*), una freccia (*turn signal*)

Ascolta attentamente il dialogo.

VIGILE: Patente, prego, e libretto di circolazione…

AUTOMOBILISTA: Ecco tutto qui, assicurazione compresa.

VIGILE: 70 chilometri all'ora in una zona urbana con 40 di limite non sono troppi?

AUTOMOBILISTA: Lo so, lo so, Lei ha ragione! Ma devo andare da mio figlio a scuola, è caduto, per questo vado in fretta…

VIGILE: Capisco la situazione, ma il limite parla chiaro! E poi, sa che ha anche una freccia che non funziona?

AUTOMOBILISTA: Sì, lo so, mio marito avrebbe dovuto portare la macchina a riparare dal meccanico ieri, ma mia figlia si è fatta male mentre giocava a pallacanestro e abbiamo dovuto portarla all'ospedale. Non c'è stato tempo per la macchina… Lei che farebbe in una situazione così?

VIGILE: Non so dirLe. Non deve chiedere a me… Com'è che non ha la targa? La targa non dovrebbe dipendere da nessun problema familiare, se non mi sbaglio!

AUTOMOBILISTA: Veramente, sì… Ho comprato la macchina solo tre giorni fa e avrei anche fatto subito la targa, ma mio marito si è arrabbiato terribilmente perché l'ho pagata tutta subito; dice che avrei dovuto pagarla a rate!… Non ho avuto tempo di andare a fare registrare la macchina e prendere la targa nuova!

VIGILE: Signora, mi dispiace, ma tra la velocità e la freccia deve pagare 183,25 euro! Riguardo alla targa, mi dispiace; ma Le dobbiamo portar via la macchina*!

*According to Italian law, cars without license plates are impounded by the police.

Seconda parte. Ascolta di nuovo il dialogo. Fai particolare attenzione alle giustificazioni date dalla signora alla vigile.

Terza parte. Sentirai due volte sei frasi basate sul dialogo. Segna, per ciascuna frase, **vero** o **falso**.

1. vero   falso   4. vero   falso

2. vero   falso   5. vero   falso

3. vero   falso   6. vero   falso

 # *Sara in Italia*

Sara è in Abruzzo, ospite dei signori Trubiano, che hanno una piccola pensione a Pescasseroli, al centro del Parco Nazionale. Sara ha già visitato Pescara, sulla costa, e L'Aquila ed è già passata in autostrada sui monti del Gran Sasso. Adesso vuole fare delle belle passeggiate nel Parco e parla con la signora Trubiano delle cose da fare e da vedere.

Ascolta attentamente il dialogo. Ascolta il dialogo quante volte vuoi. Poi, rispondi alle domande che senti. Sentirai ogni domanda due volte. Ripeti la risposta.

Parole utili: avrò nostalgia di (*I will miss*), a cavallo (*horseback riding*), binocolo (*binoculars*), sarebbe servito (*would be useful*)

1. ...   2. ...   3. ...   4. ...   5. ...

Sara in rete...

For more information about what Sara experienced during her travels, check out the links found on the *Prego!* website (**www.mhhe.com/prego7**).

CAPITOLO **14**

La musica e il teatro

Vocabolario preliminare

A. Per cominciare. Sentirai un dialogo due volte. La prima volta, ascolta attentamente. La seconda volta, completa il dialogo con le parole che mancano. Controlla le tue risposte con le soluzioni date in fondo al libro.

GIACOMO: Che bell'_____[1] «Le nozze

di Figaro»!

MARISA: Hai ragione. La _____[2] di

Mozart è davvero bella, e il

_____[3] è stato eccezionale!

GIACOMO: Anche il_____[4] d'orches-

tra; tutti i _____[5] e i

_____[6] sono stati molto bravi!

B. Indovinelli. Sentirai, per due volte, sette indovinelli. Indovina la parola dello spettacolo alla quale (*to which*) ogni frase si riferisce. Scrivi il numero corrispondente alla parola e di' la risposta. Ripeti la risposta.

ESEMPIO: *Senti:* È la voce femminile più alta.
            Segna: 1
              Dici: il soprano

_____ l'autore, l'autrice
_____ il basso
_____ il musical
_____ il regista, la regista   _____ l'opera
_____ il direttore   _____ la prima
_1_ il soprano

C. **Musica e teatro.** Guarda i disegni e rispondi alle domande che senti. Ripeti la risposta.

ESEMPIO:

Senti: Nina e Franco guardano una commedia o una tragedia?

Dici: Guardano una tragedia.

1.

2.

3.

4.

5.

D. **Domande personali.** Rispondi alle seguenti domande personali. Scrivi sulle righe date.

1. _____

_____

2. _____

_____

3. _____

_____

4. _____

_____

In ascolto

Che bella voce! Francesca e Luca parlano di una diva del mondo lirico. Ascolta con attenzione la loro conversazione e decidi se le seguenti affermazioni sono vere o false. Poi, correggi le affermazioni false. Controlla le tue risposte con le soluzioni date in fondo al libro.

1. La diva di cui (*of whom*) parlano è un soprano.   vero   falso

   _____

2. La diva canta bene le arie romantiche e interpreta bene Verdi.   vero   falso

   _____

3. Luca ha la fortuna di ascoltarla nelle opere di Puccini.   vero   falso

   _____

4. Francesca l'ha vista in un'opera all'Opera di Roma.   vero   falso

   _____

5. Questa diva ha un grande successo anche negli Stati Uniti.   vero   falso

   _____

Grammatica

A. Pronomi relativi

A. Per cominciare. Sentirai un dialogo due volte. La prima volta, ascolta attentamente. La seconda volta, il dialogo sarà ripetuto con pause per la ripetizione.

ANTONIO: Conosci quel ragazzo?

BRUNO: No, non lo conosco. È il ragazzo con cui è uscita ieri Roberta?

ANTONIO: No.

BRUNO: È il ragazzo di cui è innamorata Gianna?

ANTONIO: No.

BRUNO: Allora, chi è?

ANTONIO: Tu, ovviamente, non ti intendi di musica pop. Lui è il cantautore Alex Britti di cui tutti parlano e che è conosciuto in tutto il mondo.

BRUNO: Oh! Allora, andiamo a parlargli!

B. Benvenuta! È appena arrivata alla stazione una tua amica. Indica le varie cose della tua città che vedete mentre l'accompagni a casa. Segui i suggerimenti. Ripeti la risposta.

> ESEMPIO: *Senti:* Vado in quella palestra.
> *Dici:* Quella è la palestra in cui vado.

1. … 2. … 3. … 4. … 5. …

C. Festival. Parla del festival estivo dello spettacolo, secondo i suggerimenti. Usa **che** per legare le due frasi. Ripeti la risposta.

> ESEMPIO: *Leggi:* Il musicista suona stasera.
> *Senti:* È famoso.
> *Dici:* Il musicista che suona stasera è famoso.

1. La canzone ha vinto il festival.
2. Il tenore canta l'opera.
3. La regista ha messo in scena la commedia.
4. Il soprano canta in tedesco.
5. L'attore recita nell'*Amleto.*

D. Non lo capisco! Simone è un tipo difficile da capire! Di' che non capisci tante cose riguardo a lui, secondo i suggerimenti. Ripeti la risposta.

> ESEMPIO: *Senti:* dire
> *Dici:* Non capisco quello che dice.

1. … 2. … 3. … 4. …

B. Chi

A. Per cominciare. Sentirai un dialogo due volte. La prima volta, ascolta attentamente. La seconda volta, il dialogo sarà ripetuto con pause per la ripetizione della parte di Stefania.

STEFANIA: Chi viene al balletto con me questa sera?
LUIGI: Chi non deve studiare!
STEFANIA: Chi sarebbe questa persona?
LUIGI: Chi ha già dato tutti gli esami!
STEFANIA: Ho capito, viene Paolo. Si è appena laureato!

B. Generalità. Trasforma le frasi che senti. Comincia la nuova frase con **Chi…** secondo l'esempio. Ripeti la risposta.

> ESEMPIO: *Senti:* Le persone che parlano troppo non sono simpatiche.
> *Dici:* Chi parla troppo non è simpatico.

1. … 2. … 3. … 4. … 5. …

C. Chi? Sentirai, per due volte, cinque definizioni. Dovrai scegliere la parola che è descritta nella definizione.

ESEMPIO: *Senti:* Chi scrive e canta canzoni.

Leggi e segna: a. il basso b. il cantautore

1. a. il pittore   b. lo scultore   4. a. il regista   b. il compositore

2. a. l'ascensore   b. le scale   5. a. il frigo   b. il forno

3. a. l'autore   b. l'attore

C. Costruzioni con l'infinito

A. Per cominciare. Sentirai un dialogo seguito da tre frasi da completare. Sentirai il dialogo due volte. La prima volta, ascolta attentamente. La seconda volta, sottolinea i verbi all'infinito. Poi dovrai fermare la registrazione e completare le frasi. Controlla le tue risposte con le soluzioni date in fondo al libro.

LUCIANO: Ieri ho incontrato la mia vecchia insegnante di canto.
MARGHERITA: Davvero? Era brava?
LUCIANO: Oh, sì! Con lei ho cominciato a prendere lezioni di canto quando avevo dieci anni. È lei che mi ha insegnato a cantare.
MARGHERITA: Beh, ora che sei in città dovresti chiederle di venire a teatro per vedere che grande tenore sei diventato!

1. Luciano ha cominciato _____.

2. La sua vecchia insegnante gli ha insegnato a _____.

3. Margherita dice che Luciano dovrebbe _____ di

    _____ a teatro.

B. Propositi (*Intentions*) **e pensieri.** Quali sono i tuoi propositi? E i tuoi pensieri? Componi una frase sola, secondo i suggerimenti. Ripeti la risposta.

ESEMPIO: *Senti:* Ho paura: non voglio dimenticare l'appuntamento!
          Leggi: dimenticare l'appuntamento
          Dici: Ho paura di dimenticare l'appuntamento!

1. preparare la tavola   4. andare in vacanza
2. contare fino a cento in spagnolo   5. farmi male in cucina
3. mangiare con noi

C. Alcune domande personali. Rispondi alle seguenti domande secondo le tue esperienze personali. Usa la costruzione con l'infinito.

ESEMPIO: *Senti:* Che cosa hai bisogno di fare?
          Dici: Ho bisogno di fare più ginnastica.

1. …   2. …   3. …   4. …   5. …

D. Nomi e aggettivi in -a

A. Per cominciare. Sentirai un dialogo due volte. La prima volta, ascolta attentamente. La seconda volta, il dialogo sarà ripetuto con pause per la ripetizione.

SANDRO: Finalmente il programma teatrale per la prossima stagione invernale!
EDUARDO: C'è qualcosa di interessante?
SANDRO: Oh, sì: bellissimi balletti, opere e anche un concerto del famoso pianista Marini!
EDUARDO: Fantastico! Potrebbe essere un problema trovare i biglietti!

B. Dal plurale al singolare. Sentirai cinque frasi al plurale. Cambia le frasi al singolare. Ripeti la risposta.

ESEMPIO: *Senti:* I programmi della televisione sono ripetitivi.
Dici: Il programma della televisione è ripetitivo.

1. ... 2. ... 3. ... 4. ... 5. ...

C. Chi sono? Sentirai, per due volte, quattro descrizioni di persone. Ascolta attentamente e di' chi sono le persone descritte. Ripeti la risposta.

ESEMPIO: *Senti:* È un signore che visita un paese straniero.
Dici: È un turista.

1. ... 2. ... 3. ... 4. ...

D. Domande personali. Rispondi alle seguenti domande secondo le tue esperienze personali.

1. ... 2. ... 3. ... 4. ...

Ed ora ascoltiamo!

Sentirai un dialogo tra Nicoletta e Elena in cui discutono dei loro gusti musicali, seguito da quattro frasi da completare. Puoi ascoltare il dialogo quante volte vuoi. Poi dovrai fermare la registrazione e completare le frasi, secondo il dialogo. Controlla le tue risposte con le soluzioni date in fondo al libro.

1. La canzone di Gino Paoli è _____ e ha più di

   _____ anni.

2. Gli strumenti che ci sono nelle canzoni preferite da Nicoletta sono, per esempio, _____

   _____ e _____ _____.

3. Elena preferisce invece le canzoni di Dalla, De Gregori e Guccini e _____

   _____ _____.

4. Nicoletta, in questa settimana, guarderà in televisione _____ _____

   _____ _____ _____.

Dettato

Sentirai un breve dettato tre volte. La prima volta, ascolta attentamente. La seconda volta, il dettato sarà letto con pause tra le frasi. Scrivi quello che senti. La terza volta, correggi quello che hai scritto. Scrivi sulle righe date. Controlla il tuo dettato con le soluzioni date in fondo al libro.

Clark e Christie _____

_____

_____

_____

_____

_____

_____

_____

_____

_____

_____

_____

_____

_____

Dialogo

Prima parte. Il signor Cecchi ha due figlie: Caterina, che esce con un musicista e Valeria, che esce con un attore, regista e scrittore. Oggi conoscerà il ragazzo di Valeria, Luca.

Parole utili: sorride… ? (*are you smiling… ?*)

Ascolta attentamente il dialogo:

SIGNOR CECCHI: Con chi esci stasera?

VALERIA: Con Luca. Vedrai, ti piacerà, è attore, registra teatrale, scrittore…

SIGNOR CECCHI: Non vedo l'ora di incontrarlo! Lo potrei invitare a venire con me alla prima di *Sei personaggi in cerca d'autore*…

VALERIA: Beh, papà, Luca non è un tipo da vestirsi bene per andare alle prime e poi è un regista di spettacoli alternativi; Pirandello forse non gli interessa, è un autore così usato, vecchio, stanco…

SIGNOR CECCHI: E perché no, che male c'è con Pirandello? Vecchio? Stanco? Ma che dici? I suoi temi sono contemporanei… E poi, chi è questo Luca, non è forse un regista? Ogni spettacolo dovrebbe interessargli!

VALERIA:	Forse hai ragione. Dovresti domandarglielo tu; se glielo chiedo io, chissà, forse mi direbbe di no. (*suona il campanello della porta*) Ecco, ho sentito suonare il campanello…
LUCA:	Ciao, Valeria, buona sera, signor Cecchi.
SIGNOR CECCHI:	Buona sera, Luca, piacere di conoscerti, mia figlia mi ha appena detto che lavori nel teatro… Che spettacoli fai?
LUCA:	Mi interessa la regia di autori giovani o contemporanei, come Dario Fo, ma anche i più tradizionali, di repertorio, non mi dispiacciono…
SIGNOR CECCHI:	Conosci Pirandello?
LUCA:	Certo che lo conosco. Ho cominciato a collaborare proprio in questi giorni su *Così è se vi pare*… Perché sorride, signor Cecchi?
SIGNOR CECCHI:	Sai, Valeria mi diceva che ero troppo vecchio perché mi piaceva Pirandello!
LUCA:	Ma no, sono sicuro che Le piacerebbero anche i miei spettacoli. Mi piace rappresentare l'alienazione, le crisi d'identità, il contrasto tra l'essere e l'apparire, la solitudine delle persone. Come in Pirandello!
SIGNOR CECCHI:	Ho capito: la prossima settimana prendo due biglietti per il teatro e andiamo noi due, lasciamo Valeria a casa!

Seconda parte. Ascolta di nuovo il dialogo. Fai particolare attenzione ai gusti di Luca e del signor Cecchi.

Terza parte. Sentirai due volte sei frasi basate sul dialogo. Segna, per ciascuna frase, **vero** o **falso.**

1. vero   falso

2. vero   falso

3. vero   falso

4. vero   falso

5. vero   falso

6. vero   falso

Sara in Italia

Sara è a Portovenere, in Liguria, dopo avere visitato le Cinque Terre, legate (*tied*) a Eugenio Montale, poeta e premio Nobel italiano. È arrivata qui, in barca, da Lerici, per vedere il golfo amato dai poeti romantici inglesi Shelley e Byron. Sara è con Silvana, una professoressa di lettere che ama viaggiare e vedere i luoghi legati a poeti, scrittori e uomini famosi. Le loro prossime tappe saranno Genova, la città natale di Cristoforo Colombo, e poi San Remo, la città del Festival della canzone italiana ma anche di Italo Calvino, uno scrittore molto conosciuto negli Stati Uniti e in Canada.

Ascolta attentamente il dialogo. Ascolta il dialogo quante volte vuoi. Poi, rispondi alle domande che senti. Sentirai ogni domanda due volte. Ripeti la risposta.

Parole utili: scoglio (*rock, cliff*), dipinte (*painted*), acceso (*bright*), marinai (*sailors*)

1. ...   2. ...   3. ...   4. ...   5. ...

Sara in rete...

For more information about what Sara experienced during her travels, check out the links found on the *Prego!* website (**www.mhhe.com/prego7**).

CAPITOLO **15**

Le belle arti

 Vocabolario preliminare

A. Per cominciare. Sentirai un dialogo seguito da tre domande. Sentirai il dialogo due volte. La prima volta, ascolta attentamente. La seconda volta, il dialogo sarà ripetuto con pause per la ripetizione. Sentirai, per due volte, tre domande e dovrai scrivere le risposte giuste alle domande. Controlla le tue risposte con le soluzioni date in fondo al libro.

MARCELLO: Ornella, Raffaele, bentornati! Com'è andato il vostro viaggio in Italia?
ORNELLA: È stato meraviglioso! Abbiamo visto opere d'arte e monumenti magnifici!
RAFFAELE: Ogni museo è ricco di statue e dipinti straordinari e in molte chiese ci sono affreschi e mosaici bellissimi!
ORNELLA: Un vero sogno!

1. _____

2. _____

3. _____

B. Che bella l'arte! Sentirai, per due volte, cinque frasi incomplete. Ascolta attentamente, poi dovrai scegliere la conclusione giusta.

ESEMPIO: *Senti:* Mi piace leggere, ma non mi piacciono le cose lunghe; preferisco…

Leggi e segna: a. i romanzi b. i dipinti (c. i racconti)

1. a. quadro   b. scavo   c. racconto

2. a. la rima   b. l'archeologia   c. la pittura

3. a. un capolavoro   b. un affresco   c. una poesia

4. a. paesaggi   b. ritratti   c. affreschi

5. a. pittura   b. architettura   c. scultura

C. Un capolavoro della letteratura italiana: Dante e la _Divina Commedia._ Sentirai una lettura su Dante due volte. La prima volta, ascolta attentamente. La seconda volta, completa la lettura con le parole che mancano. Controlla le tue risposte con le soluzioni date in fondo al libro. Ora ferma la registrazione, dai un'occhiata alla lettura e leggi la nota a piè di pagina (_footnote_).

Espressioni utili: non potere che (_to have to_), la salvezza (_salvation_), riassumere (_to summarize_), il sapere (_knowledge_), attraverso (_through_), la simpatia (_liking_), essere dannato (_to be damned_)

Non possiamo che cominciare a parlare di letteratura italiana con il nome di Dante, uno dei grandi

del '300 italiano, insieme a Boccaccio e Petrarca. Il _____[1] di Dante è la

Divina Commedia, un'opera in versi. L'opera narra il viaggio dell'_____[2] nei

tre regni dell'Inferno, Purgatorio e Paradiso, alla ricerca di una salvezza personale e collettiva. La

_____[3] dantesca è stata molto importante per la lingua italiana. Intere

generazioni hanno imparato a memoria dei versi della _Divina Commedia._ Hanno

_____[4] dal poema, specialmente dall'inizio… «Nel mezzo del cammin di

nostra vita / mi ritrovai per una selva oscura / ché la diritta via era smarrita »[a]…

_____[5] la _Divina Commedia_ è difficile perché è una vera enciclopedia del

sapere, della poesia, della filosofia, ed è ricchissima di fatti e personaggi del Medioevo. Ed è anche

una storia, un _____[6] appassionante: Dante che passa attraverso i tre regni

fino alla visione finale di Dio. _L'Inferno_ è la parte più famosa, nell'_Inferno_ troviamo i personaggi più

umani e più affascinanti. E forse noi abbiamo simpatia per queste figure perché anche noi, come

Dante, ci riconosciamo in loro, anche se sono dannati…

[a]_In the middle of the course of our life / I found myself in a dark wood / because I had temporarily gone astray…_

In ascolto

Una visita a Firenze. Antonella e Pasquale parlano davanti a Palazzo Vecchio, a Firenze. Ascolta con attenzione la loro conversazione, poi completa le seguenti frasi. Controlla le tue risposte con le soluzioni date in fondo al libro.

1. Antonella voleva visitare Palazzo Vecchio ma _____.

2. Piazza della Signoria era stata trasformata in _____.

3. Dall'alto la gente poteva vedere _____.

4. C'erano rovine del _____ e alcune più antiche del periodo

    _____.

5. Il Bargello era una prigione ma adesso è _____.

Grammatica

A. Passato remoto

A. Per cominciare. Sentirai un brano due volte. La prima volta, ascolta attentamente. La seconda volta, il brano sarà ripetuto con pause per la ripetizione. Poi sentirai, due volte, cinque frasi e dovrai segnare, per ciascuna frase, **vero** o **falso**.

PROFESSOR MARCENARO: Oggi vi parlerò di Michelangelo, di questo grandissimo artista che si affermò come pittore, scultore, architetto ed anche come poeta. Studiò con il Ghirlandaio e poi lavorò per principi, duchi, vescovi e papi. La sua opera più famosa sono gli affreschi della volta della Cappella Sistina. Questo immenso lavoro che Michelangelo volle eseguire senza nessun aiuto durò ben quattro anni (1508–1512). Gli affreschi illustrano episodi del Vecchio Testamento e culminano con il Giudizio Universale...

1. vero   falso

2. vero   falso

3. vero   falso

4. vero   falso

5. vero   falso

B. Chi venne in America? Di' chi venne in America, secondo i suggerimenti. Ripeti la risposta.

      ESEMPIO: *Senti:* mio nonno
              Dici: Tuo nonno venne in America.

1. ...   2. ...   3. ...   4. ...   5. ...   6. ...

C. Dante e Beatrice. Sentirai un brano due volte. La prima volta, ascolta attentamente. La seconda volta, completa il brano con i verbi al passato remoto. Controlla le tue risposte con le soluzioni date in fondo al libro. Poi rispondi alle domande che senti. Ripeti la risposta.

Parole utili: colei che infatti (*she who actually*), la perdita (*loss*)

Dante, il poeta più noto della letteratura italiana, _____[1] a Firenze nel 1265.

Con lui nasce, essenzialmente, la poesia in italiano (che nel Medioevo coincideva con il dialetto

fiorentino). Prima di scrivere la *Divina Commedia* _____[2] la *Vita nuova*,

in cui _____[3] il suo amore per Beatrice, che nel suo libro

_____[4] il valore di donna-angelo, una rivelazione dell'amore di Dio per

ogni essere umano, di cui lei si fa messaggera. Beatrice è una figura non solo allegorica ma

storica (si chiamava Beatrice Portinari): _____[5] giovane e la sua perdita

_____[6] Dante a cantarla nella *Divina Commedia*. Nel poema Dante

_____[7] di Beatrice la sua guida per il Paradiso, colei che infatti, come dal

significato del nome, «porta salvezza», salute spirituale.

1. ...   2. ...   3. ...

D. Petrarca. Il compito di tua cugina Anna sul poeta Petrarca (e su Laura, la sua ispirazione) ha molti errori. Anna ti legge alcune frasi del suo compito. Ascolta le sue frasi e correggile come nell'esempio. Usa il passato remoto dei verbi. Ripeti la risposta.

> ESEMPIO: *Leggi:* incontrare Laura il 6 aprile, in primavera
> *Senti:* Petrarca ha incontrato Laura in una calda estate.
> *Dici:* No, Petrarca incontrò Laura il 6 aprile, in primavera.

1. scrivere 366 poesie, come per un anno bisestile (*leap year*)
2. avere capelli biondi e gli occhi azzurri
3. leggere bene la *Commedia* di Dante e la sua poesia su Beatrice
4. essere amico di Boccaccio fino alla fine della vita

B. Numeri ordinali

A. Per cominciare. Sentirai un dialogo due volte. La prima volta, ascolta attentamente. La seconda volta, il dialogo sarà ripetuto con pause per la ripetizione.

PROFESSORE: Allora, Carlo, hai letto i primi sei canti dell'*Inferno* di Dante Alighieri? Quali canti ti sono piaciuti di più?

CARLO: Mi è piaciuto il primo, quando Dante inizia il suo viaggio nell'aldilà, ed il quinto, quando parla della sfortunata storia d'amore tra Francesca e Paolo.

B. Personaggi storici. Di' il nome e il titolo di ogni personaggio.
Usa i numeri ordinali. Ripeti la risposta.

> ESEMPIO: *Leggi:* Giovanni Paolo II, papa
> *Dici:* Giovanni Paolo Secondo, papa

1. Luigi XIV, re di Francia
2. Giovanni XXIII, papa
3. Enrico VIII, re d'Inghilterra
4. Carlo V, imperatore di Spagna e di Germania
5. Vittorio Emanuele II, re d'Italia
6. Elisabetta I, regina d'Inghilterra

C. In quale secolo? Di' in quale secolo successero i seguenti avvenimenti. Ripeti la risposta.

> ESEMPIO: *Senti:* nell'anno 1517, la Riforma Luterana
> *Dici:* nel sedicesimo secolo

1. ... 2. ... 3. ... 4. ... 5. ... 6. ...

D. Quale periodo? Sentirai nominare un secolo e dovrai dire a quale periodo corrisponde. Ripeti la risposta.

> ESEMPIO: *Senti:* il sedicesimo secolo
> *Dici:* il Cinquecento

1. ... 2. ... 3. ... 4. ... 5. ... 6. ...

C. Volerci e metterci

A. Per cominciare. Sentirai un dialogo due volte. La prima volta, ascolta attentamente. La seconda volta, il dialogo sarà ripetuto con pause per la ripetizione.

AUTOMOBILISTA: Quanto ci vuole per arrivare a Cutrofiano?
PASSANTE: Dipende da quale strada sceglie. Potrebbe metterci mezz'ora o potrebbe metterci due ore.

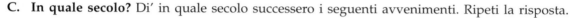

B. Quanto ci vuole? Di' quanto ci vuole per fare le seguenti cose, secondo i suggerimenti. Ripeti la risposta.

> ESEMPIO: *Senti:* Per fare la torta...
> *Leggi:* un'ora e mezza
> *Dici:* Per fare la torta ci vuole un'ora e mezza.

1. un'ora
2. tre ore e mezza
3. una mezza giornata
4. mezz'ora
5. due minuti

Ed ora ascoltiamo!

Sentirai l'inizio di una lezione su Boccaccio. Puoi ascoltare il brano quante volte vuoi. Poi sentirai, due volte, sei frasi e dovrai segnare, per ciascuna frase, **vero** o **falso.**

Parole utili: circolare (*to circulate*), mercante (*merchant*), il contenuto (*content*), veniva (*was*), in esse (*in them*), nonostante (*in spite of*)

1. vero   falso   4. vero   falso

2. vero   falso   5. vero   falso

3. vero   falso   6. vero   falso

Dettato

Sentirai un dettato tre volte. La prima volta, ascolta attentamente. La seconda volta, il dettato sarà letto con pause tra le frasi. Scrivi quello che senti. La terza volta, correggi quello che hai scritto. Scrivi sulle righe date. Controlla il tuo dettato con le soluzioni date in fondo al libro.

Petrarca scrisse le *Rime* _____

_____

_____

_____

_____

_____

_____

_____

_____

_____

_____

_____

_____

_____

Dialogo

Prima parte. Lorenzo dà un'esame sull'italiano e sull'Italia. Sentirai Lorenzo rispondere alle domande del professor Gori.

Ascolta attentamente il dialogo.

PROFESSOR GORI: Lorenzo, puoi dirmi quanti italiani parlavano davvero l'italiano nel 1861, al momento dell'unificazione della nazione?

LORENZO: Secondo il libro, solo il 2,5%. Possiamo anche spingere la cifra al 7–8% dell'intera popolazione, considerando gli abitanti della Toscana, dell'Umbria, di parte del Lazio, ma il risultato non cambia molto. L'italiano, come lo chiamiamo oggi, corrispondeva al dialetto fiorentino e, nella penisola, era principalmente una lingua scritta, non parlata, e parlata solo in Toscana. L'Italia era una penisola politicamente, economicamente e culturalmente divisa. Gli italiani parlavano i dialetti delle loro regioni.

PROFESSOR GORI: Per quali ragioni il fiorentino diventò la lingua nazionale?

LORENZO: Era più prestigioso di altri dialetti in Italia perché aveva una sua letteratura, con Dante, Boccaccio, Petrarca… Al momento dell'unificazione, Firenze aveva ancora molto prestigio culturale e lo stato italiano appena formato aveva bisogno di una lingua ufficiale. Gli abitanti del resto d'Italia imparavano l'italiano a scuola, come lingua straniera.

PROFESSOR GORI: E poi che cosa successe?

LORENZO: L'italiano si trasformò molto, tutti cominciarono a parlarlo, e molte parole degli altri dialetti entrarono a far parte del patrimonio comune della lingua italiana.

PROFESSOR GORI: Perché si trasformò?

LORENZO: Si trasformò perché diventò una lingua parlata, non rimase solo scritta. E poi si diffuse attraverso la televisione, la radio, i giornali e anche attraverso la scuola, perché gli italiani andarono finalmente tutti a scuola…

PROFESSOR GORI: Altre cose da aggiungere?

LORENZO: Il settanta per cento delle parole che usiamo oggi sono già negli autori medievali, in Dante, per esempio. Quindi vuol dire che il nucleo centrale della lingua italiana è ancora quello della lingua medievale o rinascimentale!

PROFESSOR GORI: Bravo, Lorenzo! Ci hai dato le informazioni essenziali per capire lo sviluppo dell'italiano. Bene!

Seconda parte. Ascolta di nuovo il dialogo. Fai particolare attenzione alla trasformazione della lingua italiana.

Terza parte. Sentirai due volte sei frasi basate sul dialogo. Segna, per ciascuna frase, **vero** o **falso.**

1. vero   falso

2. vero   falso

3. vero   falso

4. vero   falso

5. vero   falso

6. vero   falso

Sara in Italia

Sara è oggi nella campagna di Siena, a San Galgano, a visitare le magnifiche rovine dell'Abbazia (*Abbey*) e del Monastero dedicati a Galgano, il guerriero che si fece monaco (*monk*) e fu poi proclamato santo. San Galgano è un luogo poco frequentato dai turisti, fuori dai centri principali. Per arrivare qui è necessaria una macchina, e Sara è venuta con suo cugino, David Lorenzetti. I signori Lorenzetti abitano a Siena, a meno di un'ora da questo luogo incantato (*enchanted*).

Ascolta attentamente il dialogo. Ascolta il dialogo quante volte vuoi. Poi, rispondi alle domande che senti. Sentirai ogni domanda due volte. Ripeti la risposta.

Parole utili: ne valeva la pena (*it was worthwhile*), pavimento (*floor*), cappella (*chapel*), spada (*sword*), rompere (*to break*), rinunciava (*renounced*), approvazione (*approval*)

1. ...   2. ...   3. ...   4. ...   5. ...

Sara in rete...

For more information about what Sara experienced during her travels, check out the links found on the *Prego!* website (**www.mhhe.com/prego7**).

CAPITOLO 16

Politica e società

Vocabolario preliminare

A. Per cominciare. Sentirai un dialogo seguito da tre frasi. Sentirai il dialogo due volte. La prima volta, ascolta attentamente. La seconda volta, il dialogo sarà ripetuto con pause per la ripetizione. Poi ascolta le frasi e scegli, per ciascuna frase, **vero** o **falso.**

ENRICA: Tra un paio di settimane ci saranno le elezioni. Hai già deciso per quale partito votare?

SIMONA: Non so. Durante la campagna elettorale tutti i candidati fanno belle promesse ma poi...

ENRICA: Hai ragione, speriamo che chiunque vinca le elezioni mantenga almeno la metà delle promesse fatte!

1. vero   falso

2. vero   falso

3. vero   falso

B. Politica e società. Sentirai, per due volte, cinque frasi da completare. Ascolta attentamente, poi scegli il completamento giusto.

ESEMPIO: *Senti:* Mia sorella è segretaria presso l'Olivetti. È...

Segna: (a. un'impiegata.)   b. un'operaia.   c. una deputata.

1. a. un aumento   b. una riduzione   c. una coalizione

2. a. partiti politici   b. ministri   c. disoccupati

3. a. diminuire   b. scioperare   c. votare

4. a. le tasse   b. gli operai   c. le elezioni

5. a. in aumento   b. in sciopero   c. in diminuzione

C. La politica italiana e sociale... Definizioni. Sentirai, per due volte, cinque definizioni riguardo allo Stato e sei definizioni riguardo ai problemi sociali. Dovrai identificare i termini a cui si riferiscono. Scrivi le risposte nella colonna appropriata. Controlla le tue risposte con le soluzioni date in fondo al libro.

Parole utili: ramo (*chamber*), segreta (*secret*), versamento (*deposit*), spesa (*expenditure*)

la Camera dei Deputati e il Senato

il deputato, la deputata

la disoccupazione

le elezioni

l'operaio, l'operaia

l'impiegato, l'impiegata

il Presidente della Repubblica

lo stipendio

le tasse

il voto

uno sciopero

LO STATO	I PROBLEMI SOCIALI
1. _____	1. _____
2. _____	2. _____
3. _____	3. _____
4. _____	4. _____
5. _____	5. _____
	6. _____

In ascolto

Gli italiani e la politica. Laura, una studentessa americana di storia, discute con Valerio del sistema politico italiano. Ascolta con attenzione la loro conversazione, poi rispondi alle seguenti domande. Controlla le tue risposte con le soluzioni date in fondo al libro.

1. Perché Laura è confusa quando pensa al sistema politico italiano?
2. Cosa risponde Valerio a Laura?
3. Qual è la cosa che sorprende (*surprises*) Laura delle elezioni in Italia?
4. Come interpreta Valerio la situazione?
5. Cosa risponde Laura? Sei d'accordo?

Grammatica

A. Congiuntivo presente

A. Per cominciare. Sentirai un dialogo due volte. La prima volta, ascolta attentamente. La seconda volta, completa il dialogo con i verbi al congiuntivo presente che mancano. Controlla le tue risposte con le soluzioni date in fondo al libro.

SIGNOR TESTA: Ho l'impressione che i problemi del

mondo _____ [1] in

continuo aumento: mi pare che

_____ [2] la povertà e

la disoccupazione; mi sembra che

_____ [3] i problemi

delle minoranze e degli immigrati. Chi

vuoi che _____ [4] ai

pensionati?

SIGNOR MAZZOLA: Ma anche i nostri problemi sono importanti e dobbiamo farci sentire. Anzi, io penso

che _____ [5] necessario che tutti _____

_____ [6] dei problemi di tutti, non solo dei propri!

B. Candidati al Parlamento... Sentirai un dialogo tra Silvia e Marzia, seguito da tre frasi. Sentirai il dialogo due volte. La prima volta, ascolta attentamente. La seconda volta, il dialogo sarà ripetuto con pause per la ripetizione. Poi ascolta le frasi e scegli, per ciascuna frase, **vero** o **falso.**

Espressioni utili: lavoratore (*worker*), essere cosciente (*to be aware*), casalinga (*homemaker*), capitali (*capital*), ritenere giusto (*to consider it right*), possedere (*to possess*), ricchezza (*wealth*)

SILVIA: E allora, cosa sai di questi candidati al Parlamento?
MARZIA: Credo siano i migliori, non mi sembra che usino alcuna demagogia: vogliono che la disoccupazione diminuisca, che i salari siano difesi, che i diritti dei lavoratori non siano toccati, ma sono anche coscienti che tutto ha un prezzo e che tutti dovranno fare sacrifici...
SILVIA: Dipende da chi dovrà fare i sacrifici, a dire il vero: sono stanca che a pagare siano sempre le donne, le casalinghe, i giovani, i pensionati.
MARZIA: Sai, la mia candidata preferita ha proposto una tassa sui capitali, perché non ritiene giusto che ci sia una piccola percentuale della popolazione che possiede tanta ricchezza e non paga nulla.

1. vero   falso

2. vero   falso

3. vero   falso

C. Le faccende di casa. Quando Renata ti chiede di fare le faccende di casa, rispondi che vuoi che le facciano gli altri, secondo i suggerimenti. Ripeti la risposta.

> ESEMPIO: *Senti:* Pulirai il frigo?
> *Leggi:* Paolo
> *Dici:* No, voglio che Paolo pulisca il frigo!

1. voi
2. tu
3. gli altri

4. Claudio
5. tu e Claudio

B. Verbi e espressioni che richiedono il congiuntivo

A. Per cominciare. Sentirai un dialogo due volte. La prima volta, ascolta attentamente. La seconda volta, il dialogo sarà ripetuto con pause per la ripetizione.

CAMERIERE: Professore, vuole che Le porti il solito caffè o preferisce un cappuccino?

PROFESSORE: Fa un po' fresco... Forse è meglio che prenda un caffè corretto. Scalda di più.

CAMERIERE: Speriamo che questo sciopero finisca presto, professore!

PROFESSORE: Certo, ma bisogna che prima gli insegnanti abbiano un miglioramento del loro contratto di lavoro.

B. Opinioni. Sentirai sei domande fatte da un giornalista che ti intervista su argomenti politici. Rispondi alle sue domande con le seguenti espressioni. Ripeti la risposta.

> ESEMPIO: *Senti:* Il razzismo è un problema molto grave?
> *Leggi:* Mi pare...
> *Dici:* Mi pare che il razzismo sia un problema molto grave.

1. Ho l'impressione che...
2. Mi dispiace che...
3. Sono contento che...

4. Immagino che...
5. Mi dispiace che...
6. È probabile che...

C. Sfumature (*Nuances*). Fai il dirigente (*director*) di un'azienda e devi parlare in modo preciso. Esprimi le tue opinioni secondo i suggerimenti. Ripeti la risposta.

> ESEMPI: *Senti:* Preferisco...
> *Leggi:* Morelli va a Roma.
> *Dici:* Preferisco che Morelli vada a Roma.
>
> *Senti:* Sono certo...
> *Leggi:* Avete il personale necessario.
> *Dici:* Sono certo che avete il personale necessario.

1. Arrivate puntuali.
2. Gli operai sono in sciopero.
3. Finiamo in tempo.

4. Tutti partecipano alla riunione.
5. Dobbiamo licenziare (*fire*) qualcuno.

D. Opinioni sulla politica. Esprimi delle opinioni sulla politica, secondo i suggerimenti. Ripeti la risposta.

> ESEMPIO: *Senti:* Dubito…
> *Leggi:* il ministro andare in Cina
> *Dici:* Dubito che il ministro vada in Cina.

1. l'inflazione essere ferma
2. lo sciopero continuare
3. il mio partito vincere le elezioni
4. il mio stipendio aumentare
5. il governo mettere nuove tasse
6. i politici essere onesti

E. Cosa pensi? Sentirai quattro espressioni che richiedono il congiuntivo. Dovrai formare delle frasi complete con le espressioni che senti, utilizzando (*using*) un soggetto della colonna A e un verbo della colonna B. Di' la tua frase e poi ascolta, di seguito, una risposta possibile.

> ESEMPIO: *Senti:* Immagino…
> *Dici:* Immagino che il governo aumenti le tasse.

A	B
il conflitto tra industria e operai	avere un buon esito (*outcome*)
i deputati al Parlamento	essere onesto
i ministri	fermare l'inflazione
lo sciopero	finire prima

C. Congiuntivo passato

A. Per cominciare. Sentirai un dialogo due volte. La prima volta, ascolta attentamente. La seconda volta, il dialogo sarà ripetuto con pause per la ripetizione.

FRANCESCO: Come mai Martina non si è licenziata? Ieri mi ha detto che non le piaceva il suo lavoro e che avrebbe dato le dimissioni oggi.
LEONARDO: Penso che le abbiano aumentato lo stipendio.
FRANCESCO: Davvero?
LEONARDO: Sì, sì, e pare che lei abbia già comprato una bella macchina sportiva!

B. Speranze. Fai la parte dell'attivista politica ed esprimi la tua speranza in risposta alle domande che ti fa un giornalista. Ripeti la risposta.

> ESEMPIO: *Senti:* Il governo ha aiutato i poveri?
> *Dici:* Spero che il governo abbia aiutato i poveri.

1. … 2. … 3. … 4. …

Ed ora ascoltiamo!

Aliza, una studentessa americana di storia, discute con Valerio del sistema politico italiano. Sentirai il loro dialogo. Puoi ascoltare il dialogo quante volte vuoi. Poi sentirai, due volte, sei frasi e dovrai segnare, per ciascuna frase, **vero** o **falso.**

1. vero   falso   4. vero   falso

2. vero   falso   5. vero   falso

3. vero   falso   6. vero   falso

Dettato

Sentirai un breve dettato tre volte. La prima volta, ascolta attentamente. La seconda volta, il dettato sarà letto con pause tra le frasi. Scrivi quello che senti. La terza volta, correggi quello che hai scritto. Scrivi sulle righe date. Controlla il tuo dettato con le soluzioni date in fondo al libro.

Guido ha invitato _____

_____

_____

_____

_____

_____

_____

_____

_____

_____

_____

_____

_____

_____

_____

_____

_____

_____

Dialogo

Prima parte. Sabrina e Davide discutono delle recenti elezioni europee e del ruolo dell'Italia in Europa.

Parole utili: affatto (*at all*), faverole (*in favor*), astensionismo (*abstentionism*), più... più (*the more . . . the more*), a proposito (*by the way*), meno male che (*fortunately*), promuovere (*to promote*)

Ascolta attentamente il dialogo.

SABRINA: Mah, che ne dici dei risultati delle elezioni europee?

DAVIDE: Guarda, non mi dire niente, non sono affatto contento...

SABRINA: Io sono più neutrale, aspetto di vedere adesso quello che succederà, adesso che si discute di includere paesi dell'Est. Io sono favorevole, ma sono stata sorpresa dall'astensionismo. Di solito c'è più dell'80 per cento degli italiani che vota; vedere solo il 50 per cento è stato uno choc, specialmente nel caso di elezioni europee così importanti.

DAVIDE: Sai, io non ero molto convinto ma sono andato a votare lo stesso. È stata una decisione difficile. Non credi che dobbiamo dimostrare che l'Italia vuole un'Europa più forte? Dopo tutto, più la politica europea rimane unitaria, più l'Europa diventa forte economicamente.

SABRINA: Si è già dimostrato con l'euro e con il fatto che l'euro o è pari al dollaro o è più forte. Speriamo solo che la situazione economica dei possibili nuovi membri non destabilizzi l'Europa.

DAVIDE: Non credo succederà. L'Italia sarà come sempre al centro delle riforme europee, siamo ormai un paese profondamente europeista e non si può tornare indietro. Ma dimmi, come hai votato: per il governo o contro il governo? Per la politica europea o contro l'Italia guidata da Strasburgo?

SABRINA: È una domanda interessante perché il mio candidato alle europee non fa parte del governo, ma non è contro il governo...

DAVIDE: Va bene, non ti chiedo di più... A proposito, sei andata ieri a distribuire volantini alla manifestazione sulla difesa dei diritti dei lavoratori?

SABRINA: No, perché?

DAVIDE: Perché io ci sono andato ed è un peccato che tu non sia venuta. Meno male che ci sono io a promuovere i lavoratori nella società...

SABRINA: Vero, vero, senza di te il mondo non andrebbe avanti...

Seconda parte. Ascolta di nuovo il dialogo. Fai particolare attenzione a cosa dicono Sabrina e Davide sulle percentuali dei votanti, sulla politica europea e sull'euro.

Terza parte. Sentirai due volte sei frasi basate sul dialogo. Segna, per ciascuna frase, **vero** o **falso.**

1. vero   falso

2. vero   falso

3. vero   falso

4. vero   falso

5. vero   falso

6. vero   falso

Sara in Italia

Sara è oggi a Roma, capitale d'Italia e sede del governo centrale. Ha voluto evitare San Pietro e i musei Vaticani perché è domenica e i musei sono sempre affollati. Ha deciso invece di visitare un monumento che non aveva mai visitato nei suoi due precedenti soggiorni a Roma: quello dedicato a Vittorio Emanuele II, il primo re dell'Italia unita. Con lei c'è suo cugino Giovanni D'Agostino. I signori D'Agostino abitano a Roma e Sara è loro ospite.

Ascolta attentamente il dialogo. Ascolta il dialogo quante volte vuoi. Poi, rispondi alle domande che senti. Sentirai ogni domanda due volte. Ripeti la risposta.

Parole utili: assomigliare (*to resemble*), macchina da scrivere (*typewriter*), imbarazzanti (*embarrassing*), di guardia a (*standing guard*), soldato/milite (*soldier*), ignoto (*unknown*), patria (*homeland*)

1. …   2. …   3. …   4. …   5. …

Sara in rete…

For more information about what Sara experienced during her travels, check out the links found on the *Prego!* website **(www.mhhe.com/prego7).**

CAPITOLO 17

Il mondo del lavoro

Vocabolario preliminare

A. Per cominciare. Sentirai un dialogo due volte. La prima volta, ascolta attentamente. La seconda volta, il dialogo sarà ripetuto con pause per la ripetizione.

EMANUELE: Inflazione, disoccupazione, crisi economica... e come lo trovo un lavoro?

GABRIELLA: Bisogna aver pazienza e insistere: fare domande, rispondere agli annunci, partecipare a concorsi...

EMANUELE: E tu, da quanto tempo insisti?

GABRIELLA: A dire il vero, io un lavoro ce l'ho: e serve proprio per aiutare la gente a trovare un'occupazione. Sono impiegata al sindacato io!

B. Definizioni. Sentirai, per due volte, cinque definizioni riguardo al lavoro. Scrivi la lettera del termine a fianco del (*next to the*) numero della definizione che senti.

1. _____   a. il lavoratore, la lavoratrice

2. _____   b. il sindacato

3. _____   c. il costo della vita

4. _____   d. l'assistenza medica

5. _____   e. il colloquio di lavoro

C. Breve storia di Alessandra. Sentirai, per due volte, un brano seguito da cinque frasi. Ascolta attentamente. Poi dovrai scegliere, per ciascuna frase, **vero** o **falso.**

1. vero   falso   4. vero   falso

2. vero   falso   5. vero   falso

3. vero   falso

In ascolto

Buon lavoro! Parlano Simone Bellini e la signora Pagani, la dirigente della ditta che l'ha assunto. Ascolta con attenzione la loro conversazione, poi completa le frasi seguenti. Controlla le tue risposte con le soluzioni date in fondo al libro.

1. La signora Pagani è molto felice di _____ Simone Bellini.

2. Simone può incominciare _____.

3. Il segretario della signora Pagani darà a Simone il modulo per _____.

4. Secondo Simone, le sue _____ sono molto chiare.

5. Alla fine del colloquio la dirigente presenta Simone _____.

Grammatica

A. Congiunzioni che richiedono il congiuntivo

A. Per cominciare. Sentirai un dialogo due volte. Poi sentirai, due volte, tre frasi e dovrai segnare, per ciascuna frase, **vero** o **falso.**

MARCELLO: Paolo, sono disperato: benché il mio curriculum sia molto buono, non riesco a trovare un lavoro!

PAOLO: Marcello, quanta fretta, ti sei appena laureato! Prima che tu possa trovare un posto di lavoro devi fare molte domande, anche all'estero.

MARCELLO: Forse hai ragione, cercherò lavoro anche fuori Italia, a condizione che mi paghino profumatamente!

1. vero   falso

2. vero   falso

3. vero   falso

B. Chi si sveglia prima? La tua compagna di casa esce di casa prima di tutti la mattina. Di' prima di chi esce di casa, secondo i suggerimenti. Ripeti la risposta.

> ESEMPIO: *Senti:* tu
> *Dici:* Esce di casa prima che io mi alzi.

1. … 2. … 3. … 4. … 5. …

C. Scopi, condizioni. Parla dei tuoi programmi di carriera e anche di quelli dei tuoi amici. Completa le frasi che senti, secondo i suggerimenti. Ripeti la risposta.

> ESEMPIO: *Senti:* La ditta mi assume purché…
> *Leggi:* io / avere i requisiti
> *Dici:* La ditta mi assume purché io abbia i requisiti.

1. tu / poter trovare lavoro facilmente
2. io / continuare a telefonare
3. lei / non avere la macchina
4. voi / accompagnarmi in agenzia
5. Beatrice / poter essere felice

D. Un vero amico. Sentirai, per due volte, un brano in cui Mauro parla a Maria di qualcosa che lei ha fatto che lo ha ferito (*hurt him*). Ascolta attentamente. Poi ferma la registrazione e completa le frasi, secondo il brano. Controlla le tue risposte con le soluzioni date in fondo al libro.

1. Ti voglio parlare affinché _____

   _____.

2. Anch'io sono qui benché _____.

3. Continuerò a parlarti a condizione che _____.

4. … sono tuo amico, sebbene quello che tu hai fatto _____.

5. E sarò ancora tuo amico purché _____.

6. Ti ascolterò anche tutta la notte, a meno che _____.

B. Altri usi del congiuntivo

A. Per cominciare. Sentirai un dialogo due volte. La prima volta, ascolta attentamente. La seconda volta, completa il dialogo con le parole che mancano. Controlla le tue risposte con le soluzioni date in fondo al libro.

FRANCO: Ho appena risposto ad un'offerta di lavoro online.

Chissà come andrà...

ANGELA: Dai, non preoccuparti!

_____[1] cosa rispondano

andrà bene. _____[2]

tu _____

_____[3] dovrebbe essere

felice di assumere una persona qualificata come te!

B. Certezze. Di' le frasi che senti con convinzione, secondo i suggerimenti. Ripeti la risposta.

> ESEMPIO: *Senti:* Le persone che cercano lavoro devono riempire questi moduli.
> *Leggi:* Chiunque…
> *Dici:* Chiunque cerchi lavoro deve riempire questi moduli.

1. Dovunque…
2. Qualunque cosa…
3. Comunque…
4. Chiunque…
5. Qualunque…

C. Cattivo umore. Sei di cattivo umore oggi. Lamentati di tutto, secondo i suggerimenti. Ripeti la risposta.

> ESEMPIO: *Leggi:* nessuno / amarmi
> *Dici:* Non c'è nessuno che mi ami.

1. niente / interessarmi
2. nessuno / volere studiare con me
3. niente / piacermi nel frigo
4. nessuno / farmi regali

C. Congiuntivo o infinito?

A. Per cominciare. Sentirai un dialogo due volte. La prima volta, ascolta attentamente. La seconda volta, il dialogo sarà ripetuto con pause per la ripetizione. Poi sentirai, due volte, tre frasi da completare e dovrai scegliere, per ciascuna frase, il completamento giusto.

FIORELLA: Valentina, come mai in giro a quest'ora? Non sei andata in ufficio?

VALENTINA: Non lo sapevi? Ho chiesto altri sei mesi di aspettativa per avere più tempo per mio figlio.

FIORELLA: Sei contenta di stare a casa?

VALENTINA: Per ora sì, ma tra sei mesi bisogna che io torni a lavorare e allora mio marito chiederà l'aspettativa.

1. a. in ufficio

   b. a casa

   c. in giro

2. a. licenziarsi

   b. stare di più con suo figlio

   c. tornare al lavoro subito

3. a. tre mesi

   b. sei mesi

   c. dodici mesi

B. Impressioni, pensieri e sentimenti. A cosa pensano tutti? Di' a cosa pensi e a cosa pensano i tuoi amici, secondo i suggerimenti. Ripeti la risposta.

> ESEMPI: *Senti:* Io spero…
> *Leggi:* Tu hai fortuna.
> *Dici:* Io spero che tu abbia fortuna.
>
> *Senti:* Lisa vuole…
> *Leggi:* Lisa trova un lavoro.
> *Dici:* Lisa vuole trovare un lavoro.

1. Marco è sfortunato.
2. Sonia torna presto.
3. Perdete il lavoro.
4. Sono in ritardo.
5. Herbert non dice la verità.

C. Pensieri e opinioni personali. Componi delle frasi nuove che cominciano con le espressioni suggerite. Usa **che** + indicativo, **che** + congiuntivo o l'infinito con o senza **di**. Ripeti la risposta.

> ESEMPI: *Leggi:* Marco è in sciopero.
> *Senti:* È vero…
> *Dici:* È vero che Marco è in sciopero.
>
> *Senti:* Crediamo…
> *Dici:* Crediamo che Marco sia in sciopero.
>
> *Senti:* Marco vorrebbe…
> *Dici:* Marco vorrebbe essere in sciopero.

Voto socialista.

   1. …   2. …   3. …   4. …

Hanno avuto un aumento.

   1. …   2. …   3. …   4. …

Ed ora ascoltiamo!

Sentirai un'e-mail che Laura invia al suo fidanzato, Roberto. Puoi ascoltare il brano quante volte vuoi. Poi sentirai, due volte, cinque frasi e dovrai segnare, per ciascuna frase, **vero** o **falso.**

1. vero   falso

2. vero   falso

3. vero   falso

4. vero   falso

5. vero   falso

Dettato

Sentirai un dettato tre volte. La prima volta, ascolta attentamente. La seconda volta, il dettato sarà letto con pause tra le frasi. Scrivi quello che senti. La terza volta, correggi quello che hai scritto. Scrivi sulle righe date. Controlla il tuo dettato con le soluzioni date in fondo al libro.

Stamattina Cinzia, Gabriella e Francesco _____

_____

_____

_____

_____

_____

_____

_____

_____

_____

_____

_____

_____

_____

_____

_____

_____

Dialogo

Parte prima. Cinzia e Francesco parlano delle loro prospettive di lavoro.

Ascolta attentamente il dialogo.

Parole utili: portiere di notte (*night watchman*)

CINZIA: Dimmi un po', Francesco, vorresti veramente cambiare professione per entrare alle Poste?

FRANCESCO: Certo! Sono stanco di lavorare come portiere di notte e delle mansioni associate, rispondere sempre ai telefoni, usare i computer, mandare i fax, e tutto da solo… Alle Poste almeno non devo lavorare da solo o di notte!

CINZIA: Hai tutti i requisiti necessari per fare domanda?

FRANCESCO: Sì, il mio diploma liceale è sufficiente, ho l'esperienza giusta. Ho anche mandato il mio curriculum ad altre aziende, per avere altre opportunità…

CINZIA: E gli annunci sul giornale?

FRANCESCO: Sì, anche quelli. Ho risposto a vari annunci ma per ora niente, continuo a fare il portiere di notte, come sai. Credo che al momento l'unica possibilità sia partecipare al concorso delle Poste. È un lavoro che vorrei molto, ma sai che per un posto alle Poste ci sono sempre tantissime domande. E tu, invece, che hai intenzione di fare con il tuo lavoro? Alla fine dell'aspettativa torni a scuola?

CINZIA: Sì, ormai insegnare è la cosa che mi piace di più e poi, quando saremo in tre, ci sarà bisogno di uno stipendio extra. Quello solo di mio marito non sarebbe sufficiente e io non voglio andare in un appartamento meno grande di quello che abbiamo adesso. L'unico problema sarà trovare una baby-sitter per Chiara…

FRANCESCO: E tuo marito, l'aspettativa non la prende?

CINZIA: Mario? No, lui dice che non gli piace questa nuova famiglia moderna, con i padri a casa e le madri al lavoro. Ma sono sicura che gli farò cambiare idea, se ne avremo bisogno. Non è questo il momento per fare i tradizionalisti!

Seconda parte. Ascolta di nuovo il dialogo. Fai particolare attenzione a cosa dice Cinzia sulla sua situazione, su suo marito e cosa dice Francesco sulle cose che ha dovuto fare per partecipare al concorso per le Poste.

Terza parte. Sentirai due volte sei frasi basate sul dialogo. Segna, per ciascuna frase, **vero** o **falso**.

1. vero   falso

2. vero   falso

3. vero   falso

4. vero   falso

5. vero   falso

6. vero   falso

Sara in Italia

Sara è a Torino, in Piemonte, dove incontra Maria, un'amica di suo cugino Giovanni. Maria studia al Politecnico e sa molte cose della sua città, dove la sua famiglia, del Sud, è andata a vivere negli anni Sessanta. Dopo avere passeggiato per il centro della città e avere mangiato i gianduiotti, tipici cioccolatini torinesi, Sara e Maria vanno al parco del Valentino per rilassarsi.

Ascolta attentamente il dialogo. Ascolta il dialogo quante volte vuoi. Poi, rispondi alle domande che senti. Sentirai ogni domanda due volte. Ripeti la risposta.

Parole utili: portici (*porticoes*), a mio agio (*at ease*), chiedermi (*wonder*), pasta (*paste*), nocciola (*hazelnut*), pancia (*belly*)

1. ...   2. ...   3. ...   4. ...   5. ...

Sara in rete...

For more information about what Sara experienced during her travels, check out the links found on the *Prego!* website **(www.mhhe.com/prego7).**

CAPITOLO **18**

La società multiculturale

 Vocabolario preliminare

A. Per cominciare. Sentirai un dialogo due volte. La prima volta, ascolta attentamente. La seconda volta, il dialogo sarà ripetuto con pause per la ripetizione.

ANTONIO:	Tu e Carla, siete andati alla manifestazione contro la violenza razzista ieri?
FABRIZIO:	Sì, è stata bellissima! Con tutti quei giovani che cantavano e si tenevano per mano...
ANTONIO:	Il razzismo non è genetico e non dobbiamo avere paura di chi è diverso.
FABRIZIO:	È quello che dico sempre ai miei figli: che la diversità è un valore positivo e che possiamo imparare tanto dalle altre culture.

B. Definizioni. Sentirai, per due volte, cinque definizioni riguardo ai problemi sociali. Scrivi la lettera del termine a fianco del numero della definizione che senti.

1. _____   a. la tossicodipendenza

2. _____   b. il razzismo

3. _____   c. l'immigrazione

4. _____   d. l'extracomunitario

5. _____   e. il consumismo

C. Per discutere dei problemi sociali... Sentirai cinque definizioni. Dovrai scegliere e dire la definizione che abbia lo stesso significato. Ripeti la risposta.

ESEMPIO: *Senti:* opporsi al razzismo
          Dici: essere contro il razzismo

1. ...   2. ...   3. ...   4. ...   5. ...

convivere con diverse razze
giudicare altre persone
essere a favore della diversità
essere contro il razzismo
essere impegnati in politica
fidarsi degli stranieri

In ascolto

Ben arrivata! Barbara e Lorenzo parlano di amici di Lorenzo che hanno adottato una bambina etiope (*Ethiopian*). Ascolta con attenzione la loro conversazione e decidi se le seguenti affermazioni sono vere o false. Poi, correggi le affermazioni false. Controlla le tue risposte con le soluzioni date in fondo al libro.

1. Gli amici di Lorenzo non sono ancora tornati dall'Etiopia.   vero   falso

   _____

2. Il nome etiope della bambina significa «la figlia della luna».   vero   falso

   _____

3. La bambina ha già otto anni.   vero   falso

   _____

4. È stato poco complicato adottare la bambina.   vero   falso

   _____

5. La bambina, quando crescerà, sarà bilingue.   vero   falso

   _____

Grammatica

A. Imperfetto del congiuntivo

A. Per cominciare. Sentirai un dialogo due volte. La prima volta, ascolta attentamente. La seconda volta, completa il dialogo con le parole che mancano. Controlla le tue risposte con le soluzioni date in fondo al libro.

CINZIA: Così tuo padre non voleva che tu _____ _____[1] con Shamira?

IVAN: Assurdo! Sperava invece che _____ _____[2] di Daniela, così sarei diventato dirigente nell'azienda di suo padre!

CINZIA: Che materialista! E tua madre?

IVAN: Lei invece non vedeva l'ora che _____ _____[3] con Shamira! Non può sopportare Daniela!

B. Problemi di famiglia. Piera ti racconta dei problemi con i suoi genitori. Rispondi che sarebbe meglio che i suoi genitori non facessero quelle cose, secondo i suggerimenti. Ripeti la risposta.

    ESEMPIO: *Senti:* Interferiscono sempre!
             Dici: Sarebbe meglio che non interferissero.

   1. ...   2. ...   3. ...   4. ...

C. Lo zio Carlo. Racconta ai tuoi amici come ha reagito tuo zio, che è un tradizionalista, quando gli hai raccontato della tua vita indipendente. Ripeti la risposta.

> ESEMPIO: *Leggi:* dividere un appartamento con gli amici
> *Dici:* Non credeva che io dividessi un appartamento con gli amici.

1. guadagnarmi da vivere a 20 anni
2. volere studiare invece di sposarsi subito
3. impegnarmi per eliminare il consumismo
4. essere felice della mia vita

B. Trapassato del congiuntivo

A. Per cominciare. Sentirai un dialogo due volte. La prima volta, ascolta attentamente. La seconda volta, scrivi il verbo al trapassato del congiuntivo. Controlla la tua risposta alla fine del libro.

KALEB: Allora, Laura, è tutto pronto per la nostra cena etnica?

LAURA: Credo di sì. Gli involtini egiziani sono sulla tavola...

KALEB: Hai preparato il couscous con le verdure?

LAURA: Io no, credevo che lo _____ _____ tu!

KALEB: Accidenti! E adesso che facciamo? Prepariamo dei semplici spaghetti?

LAURA: No, ci vogliono solo pochi minuti per preparare il couscous, ed è il piatto preferito di tutti.

B. Non sapevo! Il tuo amico ti racconta tante novità. Di' che non sapevi tali (*such*) cose, secondo i suggerimenti. Ripeti la risposta.

> ESEMPIO: *Senti e leggi:* Nicoletta ha vinto il torneo di tennis.
> *Dici:* Non sapevo che avesse vinto il torneo di tennis!

1. Nadia ha studiato tutta la notte.
2. Claudio ed io siamo andati alla riunione.
3. Fabio ed io abbiamo avuto l'aumento.
4. Mia madre è stata politicamente impegnata.
5. Ho giudicato male i loro amici.

C. La zia Matilda. Tua zia credeva nel proverbio che dice «non si è mai troppo vecchi!» Completa le frasi che elencano le cose che ha fatto, secondo i suggerimenti. Comincia il completamento con **benché non.** Ripeti la risposta.

> ESEMPIO: *Senti e leggi:* A ottant'anni scrisse un libro...
> *Dici:* benché non avesse mai scritto prima.

1. A settant'anni dipinse un quadro...
2. A sessant'anni scolpì una statua...
3. A cinquant'anni si sposò...
4. A settant'anni fece un lungo viaggio...

C. Correlazione dei tempi nel congiuntivo

A. Per cominciare. Sentirai un dialogo due volte. La prima volta, ascolta attentamente. La seconda volta, completa il dialogo con le parole che mancano. Controlla le tue risposte con le soluzioni date in fondo al libro.

LAURA: Mamma, ho deciso di accettare quel lavoro a New York.

MADRE: Ma non sarebbe meglio che _____ _____[1] qui in Italia, vicino alla

famiglia, agli amici? A New York c'è il problema della violenza e della droga: non voglio che

_____ _____[2] qualcosa di brutto…

LAURA: Mamma, il problema della violenza e della droga c'è in tutte le grandi città. E poi, vorrei

che tu _____[3] che è importante che io _____[4]

nuove esperienze.

MADRE: Capisco, Laura, ma è naturale che io _____ _____[5]…

B. Idee politiche. Completa le seguenti frasi, secondo i suggerimenti. Ripeti la risposta.

ESEMPIO: *Senti:* Vorrei che…
Leggi: il razzismo / non esistere
Dici: Vorrei che il razzismo non esistesse.

1. la gente / cercare di eliminare l'intolleranza religiosa
2. i genitori / apprezzare le idee dei giovani
3. la gente / prendere sul serio i problemi degli anziani
4. il governo / lavorare per eliminare la povertà

C. Acquisti. Giuseppe e Franca hanno appena acquistato una nuova macchina. Quando Giuseppe ti confida (*tells you*) i suoi pensieri sull'argomento, esprimi il tuo accordo. Ripeti la risposta.

ESEMPIO: *Senti:* Speriamo di avere fatto bene.
Dici: Anch'io spero che abbiate fatto bene.

1. … 2. … 3. … 4. … 5. …

Ed ora ascoltiamo!

Piero ed Elio, due vecchi amici cinquantenni, discutono della società italiana di oggi e dei suoi problemi. Sentirai il loro dialogo. Puoi ascoltare il dialogo quante volte vuoi. Sentirai, per due volte, cinque frasi e dovrai segnare, per ciascuna frase, **vero** o **falso.**

1. vero   falso

2. vero   falso

3. vero   falso

4. vero   falso

5. vero   falso

Dettato

Sentirai un dettato tre volte. La prima volta, ascolta attentamente. La seconda volta, il dettato sarà letto con pause tra le frasi. Scrivi quello che senti. La terza volta, correggi quello che hai scritto. Scrivi sulle righe date. Controlla il tuo dettato con le soluzioni date in fondo al libro.

Laura è italoamericana ed è _____

_____

_____

_____

_____

_____

_____

_____

_____

_____

_____

_____

_____

_____

Dialogo

Prima parte. Sentirai una conversazione tra amici in un bar.

Parole utili: avermi dato del razzista (*accusing me of being a racist*)

Ascolta attentamente il dialogo.

NICOLETTA: Avete sentito? Si aprirà un nuovo centro sociale vicino allo stadio!

MASSIMO: Adesso anche gli extracomunitari, mancavano solo loro qui! Come se non avessimo abbastanza problemi da soli, in Italia!

NICOLETTA: Ma che dici? Secondo me questa è stata la decisione più intelligente che l'amministrazione avesse potuto prendere, data la forte immigrazione dall'Albania e dalla ex-Jugoslavia. Sarebbe meglio smettessi di fare l'intollerante!

MASSIMO: Non è intolleranza, è realismo politico il mio! Siamo sessanta milioni di italiani e il dieci per cento è disoccupato: dove troviamo altro lavoro?

LORENZO: Sai una cosa, Massimo? Secondo me, la cosa che ti preoccupa tanto è la diversità.

MASSIMO: Non è affatto vero. Ma cosa possono portare gli extracomunitari al nostro paese?

LORENZO: Loro stessi, con la loro cultura, musica, letteratura. E poi, scusa, chi sei tu per decidere chi sarebbe utile alla società e chi no?

NICOLETTA: Guarda, Massimo, che anch'io pensavo come te, poi ho conosciuto degli immigrati albanesi che sono i miei vicini di casa e ho capito che la mia era solo la paura del diverso. L'Italia non ha mai avuto una popolazione immigrata così numerosa come in questi anni.

MASSIMO: Grazie di avermi dato del razzista! Io ho fatto solo un discorso economico, realista...

LORENZO: Basta, ora, arrivano i panini! Comunque è bene discutere sempre apertamente. È l'unico modo di combattere i pregiudizi razziali.

Seconda parte. Ascolta di nuovo il dialogo. Fai particolare attenzione ai discorsi riguardo agli extracomunitari in Italia.

Terza parte. Sentirai, per due volte, sei frasi basate sul dialogo. Segna, per ciascuna frase, **vero** o **falso.**

1. vero   falso

2. vero   falso

3. vero   falso

4. vero   falso

5. vero   falso

6. vero   falso

Sara in Italia

Sara è scesa a Tropea, una città della Calabria, sul mare Tirreno, per una breve vacanza. In spiaggia, parla con una signora italiana delle cose da vedere in Basilicata e in Calabria.

Ascolta attentamente il dialogo. Ascolta il dialogo quante volte vuoi. Poi, rispondi alle domande che senti. Sentirai ogni domanda due volte. Ripeti la risposta.

Parole utili: rocce (*rocks*), rovine (*ruins*), guerrieri (*warriors*)

Tropea

1. ...   2. ...   3. ...   4. ...   5. ...

Sara in rete...

For more information about what Sara experienced during her travels, check out the links found on the *Prego!* website (**www.mhhe.com/prego7**).
